금융 지식
7일 만에 끝내기

Seven Days Master Series

금융 지식
**7일 만에
끝내기**

· 박유연 지음 ·

살림

프롤로그
금융 흐름의 맥을 짚는
금융 지식의 모든 것

'금융'이라는 단어를 대하면 대부분의 사람들은 아마 '어렵다' 또는 '이해하기 힘들다'라는 이미지부터 떠올릴 것이다. 하지만 조금만 내용을 알아두면 '금융'만큼 명쾌하게 이해되는 것도 없다. 다만 어려운 용어로 치장하고 있을 뿐이다. 이른바 금융 전문가들은 일반인들에게 어려워 보이는 용어와 자격증 등으로 각종 장벽을 만들어 둔다. 그래야 일반인들이 자신에게 상담을 의뢰하고 돈을 맡겨 자신이 수익을 낼 수 있기 때문이다.

그런데 이 과정에서 각종 속임수를 남발할 때가 많다. 고객을 위하는 것이 아니라 투자회사, 나아가 금융 전문가 스스로를 위해서 조언을 하고 고객으로 하여금 그 조

언대로 투자하도록 권유하는 것이다. 그러면 우리 일반인이 이 같은 일을 피하기 위해서는 어떻게 해야 할까? 이를 위해서는 전문가들을 부릴 줄 알아야 한다. 그리고 무엇보다도 먼저 금융에 대해 어느 정도 알고 있어야 한다.

그렇다고 우리 모두가 금융 전문가들을 뛰어넘는 지식을 갖추기는 어렵다. 각자 활동이 바빠 미처 세세한 부분까지 신경 쓰기도 어렵거니와, 그 정도 지식을 갖췄다면 남에게 돈을 맡길 필요 없이 스스로 모든 것을 알아서 하면 되기 때문이다.

우리에게 필요한 것은 전문가를 고르고 제대로 부리기 위한 최소한의 지식이다. 금융시장이 어떻게 구성되어 있고 어떻게 움직이고 있는지만 알아도 전문가에게 당하지 않을 수 있다. 이를 위해서는 금융에 대한 최소한의 내용을 숙지해두면 된다.

이 책은 바로 금융시장을 이해하기 위한 최소한의 정보를 전달하는 데 초점을 맞추고 있다. 기본적인 개념 정리, 제도 및 시장 참여자들에 대한 설명부터 시작해서 금융시장을 움직이는 금리에 대해 풀어냈다. 또 금융시장의 가장 기본적인 상품인 채권을 별도의 장을 통해 자세히 설명했고, 신문지상에 자주 소개되지만 명확히 이해하기 어려웠던 신종 금융상품들에 대해서도 소개했다.

더불어 글로벌 금융위기 이후 가장 중요한 이슈가 된 금융산업 재편을 이해할 수 있도록 금융을 둘러싼 규제와 위기 해결 방법에 대해 설명했다. 이와 함께 앞으로 금융산업이 어떻게 재편될지 혜안을 얻는 데 도움이 될 수 있도록 금융의 미래 모습에 대해서도 풀어냈다.

이제는 금융의 시대이다. 현재 모든 경제 현상은 금융에서 시작해 금융으로 끝난다. 금융 위기로 촉발된 급격한 변화는 베이비붐 세대 은퇴 이후 더욱 가속화될 전망이다. 부동산으로 대표되던 실물의 시대에서 금융의 시대로 무게 중심축이 빠르게 옮겨가는 것이다.

이 같은 시대에 생존하기 위해서는 금융에 대해 명확한 개념을 잡고 있어야 한다. 좁게는 재테크부터 넓게는 경제 현상에 대해 예측할 수 있기 위해서는 최소한의 금융 지식을 갖추고 있어야 한다.

이 책이 이를 위한 길잡이가 될 수 있을 것이다. 이 책을 읽으면서 끊임없이 주변 사례와 비교해 보길 권한다. 채권 부분을 읽을 때 친구에게 돈을 빌려주고 받은 차용증에 채권을 비유하여 이해하는 식이다. 이렇게 하면 내용을 훨씬 빠르게 이해할 수 있을 것이다.

금융은 결코 우리 생활에서 멀리 떨어져 있는 것이 아니다. 우리들은 매일같이 생활 속에서 반복적으로 돈을 주고받는다. 그러면서도 이런 행동이 금융 거래라는 사실을 깊게 생각하지 않을 뿐이다. 친구에게 돈을 빌려주는 것도 금융 거래이고 모임의 회비를 내는 것도 금융 거래이다.

그런데 우리를 둘러싼 금융 환경은 너무나도 불투명하다. 전문가들조차도 앞을 예측하기 어렵다고 한다. 하지만 뿌연 안개 속에서도 희미하게나마 멀리 보이는 불빛만 알아낸다면 길을 잃지 않고 전진할 수 있을 것이다. 여러분 모두 이 책을 통해 불빛을 감지하는 시력을 얻을 수 있기를 기대해본다.

끝으로, 부족함이 많은 필자에게 '7일 만에 끝내기 시리즈' 금융 편 외에도 경제 편, 환율 편까지 선뜻 맡기면서 많은 지원을 아끼지 않은 살림출판사 관계자 분들께 감사의 뜻을 보낸다.

2011년 5월
박유연

contents

프롤로그_ 금융 흐름의 맥을 짚는 금융 지식의 모든 것 004

step 1. 금융의 개념과 제도

계주와 자산운용사는 알고보면 한뿌리? – 금융의 종류, 지급준비제도, 지급결제제도 013

금융 최후의 보루, 예금보험제도 – 도덕적 해이, 저축은행 문제 026

금융시장에 누가 참여하나 – 금융시장의 참가자들 038

step 2. 금융시장을 움직이는 힘, 금리

기준금리를 내렸는데 대출금리가 오른다? – 가산금리, CD금리 061

은행들이 '코픽스' 도입을 꺼린 까닭 – 가중평균금리, 예금 대출금리 조정 원리 071

대부업체가 30일 이자면제를 해주는 이유 – 금리 규제와 신용할당 083

step 3. 금융상품의 기본, 채권

채권은 한마디로 돈을 빌려줬다는 증서 – 채권의 개념과 종류 099

채권가격은 어떻게 움직일까? – 금리와 채권가격의 상관관계 114

채권 부도 위험 덜어주는 CDS가 금융위기의 주범? – CDS 130

step 4. 금융상품의 응용과 진화

돼지고기 미리 사두는 게 첨단 금융상품? – 선물, 선도, 스왑 147

스톡옵션에 숨겨진 비밀 – 옵션, 어음 160

채권의 진화가 금융위기를 불러온 이유 – MBS, ABS, CDO, 대출·예금의 진화 170

step 5. 금융과 규제

금융 관련 부처는 왜 항상 싸울까? – 금융 규제 맡는 기관들 187

골드만삭스의 투자자 모집이 사기? – 금융사고와 징계 201

금융 규제 어떻게 변화할까? – 서비스업의 비전과 금융 규제 210

step 6. 금융안정과 구조조정

은행은 알고보면 지상 최대의 빚쟁이 – 자기자본, 자기자본비율 225

은행이 정부 돈을 거부하려 했던 까닭 – 대손충당금, 프리워크아웃 235

시장안정펀드의 탈을 쓴 공적자금 – 공적자금, 유사공적자금 249

step 7. 금융의 미래

한국 금융 왜 약한가? – 한국 금융의 구조적 문제 267

빅뱅 한국 금융 – 은행 민영화 이슈 283

3세대 금융 패러다임의 별 'Bi-star'에서 나온다
– 세계 금융 발전의 조류 296

Seven Days Master Series

step 1

금융의 개념과 제도

계주와 자산운용사는
알고보면 한뿌리?
– 금융의 종류, 지급준비제도, 지급결제제도

금융은 한마디로 돈 거래를 말한다. 금융의 한자인 '金融'이라는 글자 자체가 돈을 융통한다는 뜻이다. 이에 어떤 형식으로든 실물을 기반으로 하지 않는 돈 거래는 모두 금융으로 볼 수 있다. 금융은 크게 직접금융, 간접금융, 자산운용으로 나눌 수 있다.

자금 수요자와 공급자가 직접 만나는 직접금융

직접금융은 돈을 필요로 하는 사람과 돈을 갖고 있는 사람이 직접 만나는 시장이다. 대표적인 것으로 주식, 채권이 있다. 우리가 주식과 채권을 구입하면 이를 발행한 기업이나 정부에 직접 돈이 공급된다. 직접금융은 다시 발행시장과 거래시장으로 나뉜다. 발행시장은 기업이나 정부가 최초로 주식이나 채권을 찍어내는 시장이고, 거래시장은 주식이나 채권의 손바뀜이 일어나는 시장이다. 상장 기업이 최초 발행하는 주식을 구입하면 이는 발행시장에 참여하는 것이고, 기업이 아닌 타인으로부터 주식을 구매하면 거래시장에 참여하는 것이 된다.

간접금융은 돈 거래를 주도하는 중개자가 있는 시장이다. 은행 예금·대출이 대표적인 예이다. 우리가 예금을 하면 은행은 이를 모아 돈이 필요한 개인, 기업 등 자금 수요자에게 대출을 해준다. 이처럼 간접금융은 은행이 주도적인 역할을 하며 은행은 예금보다 대출금리를 높게 받아 수익을 낸다.

물론 직접금융시장도 증권사 등 중개자가 있다. 하지만 이는 자금 수요자와 공급자를 만나게 하는 역할에 그치며 이 시장에서는 공급자가 자신의 돈이 누구에게 흘러 들어 갔는지를 알 수 있다. 이를테면 우리가 삼성전자 채권을 구입하면 삼성전자에 돈이 공급됐다는 사실을 알 수 있는 식이다. 하지만 예금자 등 간접금융시장의 자금 공급자는 자신의 돈이 누구에게 가는지를 알 수 없다.

중간에 은행을 통했기 때문에 자기 돈이 어떤 사람에게 대출됐는지 알기 어려운 것이다.

자산운용시장은 자금의 공급자와 수요자를 이어주는 것과는 큰 관련이 없다. 자금을 굴리는 데 전문적인 지식을 갖춘 회사가 투자자들로부터 자금을 모아 수익을 낸 뒤 투자자와 이를 나눠 갖는 것이 자산운용시장의 목표이다. 다만 자산운용시장은 간접금융시장과 직접금융시장 모두에 영향을 미친다. 자산운용사가 이 시장에 참여해서 투자 수익을 내기 때문이다. 직접금융시장에 참여한 자산운용사가 주식에 투자해 수익을 내거나, 거액의 예금에 가입해 이자 수익을 내는 식이다.

보험은 자산운용과 간접금융이 결합된 형태이다. 불특정다수로부터 보험료를 거둔 뒤 이를 주식, 채권 등에 투자하여 돈을 불리다 특정인에게 보험 사고가 발생하면 보험금을 지급하는 시스템이기 때문이다. 보험 가입자들은 자신이 낸 보험료가 보험사를 거쳐 누구에게 지급됐는지 알 수 없고, 보험금을 받을 경우에도 누구로부터 거둬 만들어진 돈인지 알 수 없다. 이에 간접금융 성격을 갖는 것이다. 또 보험사가 거둔 보험료를 투자해 수익을 낸 뒤 이것의 일부를 가입자에 돌려준다는 점에서 자산

운용의 성격도 갖는다.

직접금융, 간접금융, 자산운용 모두 참여에 큰 제한이 없다. 대부분의 금융사가 모든 시장에 동시에 참여한다. 간접금융을 주로 담당하는 은행이 직접금융시장에서 채권을 발행해 돈을 모으는 것이 대표적이다. 다만 금융사별로 업무 영역에 다소간의 제한이 있다.

금융은 우리 일상생활에서도 자주 이뤄진다. 친구에게 돈을 빌려주는 것은 직접금융이고, 회사 노조가 거둔 회비 일부를 조합원 대출에 활용하는 것은 간접금융이다. 또 곗돈을 모아 굴리는 임무를 맡은 계주는 자산운용사 역할을 하는 것과 마찬가지이다.

은행에게 예금은 부채, 대출은 자산

금융사들은 일반 기업이나 가계와는 다른 독특한 구조를 갖고 있다. 빚을 내 이를 빌려주는 시스템이기 때문이다. 은행을 예로 들어보자. 우리가 은행에 예금을 하면 우리에게는 자산이지만 은행 입장에서는 이자 지급을 조건으로 빌린 돈이 된다. 은행은 이 밖에 채권 발행이나 해외 차입을 통해 추가로 돈을 빌린다. 은행은 이렇게 모은 돈을 원래 자기 돈인 자기자본과 합쳐 최종적으로 대출 재원(그림 1-1에서 부채+자본)을 만든 뒤 자금을 필요로 하는 가계나 기업들에게 빌려준다. 이러한 빌려준 돈(대출)은 은행 입장에서 자산이 된다.

은행은 빌린 돈을 다른 금융 자산 구입에 사용하기도 한다. 이 과정에서 은행이 돈을 벌어 이익을 내면 이것이 은행의 자기자본으로 편입되면서 다른 자산을 구입할 여력이 커지고 결과적으로 전체 자산을 키우게 된다. 즉 은행 입장에서 예금은 부채이고, 대출은 자산이다.

A 은행 (단위: 원)

자산		부채 + 자본	
현금	1조	예금	60조
대출	80조	차입금	10조
부동산 등 고정자산	15조	은행채 등 채권 발행액	20조
지급준비금	4조	자기자본	10조
합계	100조	합계	100조

B 개인 (단위: 원)

자산		부채 + 자본	
부동산	5억	대출	2억
예금	1억	자본 (자산 가운데 대출 제외한 B의 소유가치)	5억
펀드	1억		
합계	7억	합계	7억

[그림 1-1] **은행과 개인의 대차대조표 비교**

개인에 비유하면 친구에게 10억 원을 빌린 뒤 이 가운데 5억 원은 빌려주고 5억 원은 은행에 예금하는 식이다. 여기서 빌린 10억 원은 부채이고, 빌려준 5억 원과 예금 5억 원은 자산이다. 즉 부채를 통해 자산을 만든 경우이다. 이 과정에서 빌린 이자보다 빌려줄 때 이자를 더 높게 받고 은행 예금 이자로 돈을 추가로 벌면 이 금액이 자산으로 쌓이게 된다.

은행의 자산은 매우 크지만 자산 가운데 대출을 빼고 남은 순자산은 얼마 되지 않는다. 대형 은행들의 자산은 200조 원을 상회한다. 하지만 이 가운데 대출을 돌려받아 예금 등 빌린 돈을 상환하고 나면 남는 돈은 10% 남짓에 불과하다. 우리가 9억 원을 빌려 10억 원짜리 집을 산 것과 마찬가지이다. 은행의 순자산은 은행을 설립할 때 최초 투입한 자기자본, 영업을 통해 벌어들인 뒤 내부적으로 쌓아둔 잉여금 등으로 구성된다.

이 같은 구조는 무척 불안한 속성을 내포하고 있다. 예를 들어 자기 돈 1억 원을 갖고 있는 은행이 예금 등을 통해 9억 원을 빌려 10억 원을 만든 뒤 전체를 대출해 줬다고 하자. 그런데 이 같은 상황에서 대출해준 돈 가운데 일부를 떼이게 됐다. 이때 1억 원까지는 그런대로 버

틸 수 있다. 자기 돈만 손해 보면 되기 때문이다. 하지만 떼이는 돈이 1억 원을 넘어서면 빌린 돈에 피해를 줘야 한다. 그러면 이 은행에 예금한 사람은 예금 가운데 일부를 손해 봐야 한다. 즉 예금을 통해 은행에 빌려준 가운데 일부를 상환받지 못할 위험이 생긴다. 이 같은 위험이 커지면 예금자들은 큰 불안감을 갖게 되고 금융시장 전체적으로 시스템이 무너질 수도 있다.

지급준비제도

이를 방지하기 위해 금융시장은 다양한 안전장치를 구비해뒀다. 우선 '지급준비제도'가 있다. 이는 예금자가 은행에 돈을 찾으러 오면 바로 돈을 내어줄 수 있도록 항상 일정 금액을 현금으로 쌓아두는 제도이다. 은행 지점 금고 안에 쌓여 있는 현금이 바로 '지급준비금'이다. 거래가 많은 지점일수록 더 많은 현금이 쌓여 있다.

중앙은행인 한국은행은 시중 은행들이 예금 가운데 대출 재원으로 활용하지 말고 얼마나 현금으로 쌓아둬야 하는지 비율을 규제한다. 이를 '지급준비율'이라 하는데 현재 7% 비율 규제가 적용 중이다. 예를 들어 100억 원의 예금을 끌어 모은 은행이라면 7억 원을 의무적으로 갖고 있어야 하는 것이다. 이를 '법정 지급준비금' 혹은 '필요 지급준비금'이라고 부른다. 은행은 이외에 스스로 추가로 현금을 준비해둔다. 이를 '임의적립 지급준비금'이라 한다. 지급준비금은 은행의 평균 현금 거래액을 산정해 계산된다. 즉 "이 정도 준비해 두면 예금자들의 인출 수요를 충분히 맞출 수 있을 것"이라고 예상해서 결정된다.

이 같은 제도가 없으면 은행은 '뱅크런(Bank Run; 대규모 예금인출 사태)'을 당할 수 있다. 예를 들어 한 예금자가 은행에 예금 인출을 요구했다고 하자. 그런데 은행이 충분히 현금을 확보하지 못한 상황이라 현금을 내주지 못하거나 내주는 데 시간이 걸리면 이 같은 사실은 삽시간에 소문으로 퍼진다. 그러면 불안에 빠진 모든 예금자가 은행으로 달려와 예금 인출을 요구하고 은행이 예금을 내주지 못하면 결국 파산할 수밖에 없다.

이때 은행은 대출자로부터 대출을 상환받아 예금을 내줄 수 있지만 대출자들이 바로 상환하는 것은 무척 어렵다. 이에 대출 상환에 의한 예금 인출 대응은 거의 불가능하다. 지급준비제도는 이 같은 일을 사전에 예방하기 위한 것이다.

지급준비제도는 또 대출 규모를 일정 수준으로 규제하기 위한 정책이기도 하다. 예금 가운데 지급준비금으로 쌓아둔 부분은 대출에 활용되지 못해 그만큼 대출 총액을 줄일 수 있다. 대출이 너무 늘면 빚을 갚지 못하는 사람이 나오는 등 각종 부작용이 생긴다. 이에 중앙은행은 대출이 과도하게 증가할 경우 지급준비율 인상 정책을 편다. 이렇게 하면 은행은 보다 많은 현금을 쌓아둬야 하고 이 과정에서 대출이 줄어든다. 이후 대출을 떼여 예금자에게 피해를 주는 일을 막을 수 있다.

현재는 시중 은행 등 일부 금융권에만 지급준비 의무가 부과되고 있다. 따라서 일부 금융사들은 투자자들의 인출 수요에 대비한 현금을 충분히 확보해두지 못하고 있다. 관련법을 고쳐 지급준비 의무 기관의 범위를 넓혀야 한다는 지적이 나오고 있다. 이렇게 되면 한국은행의 지급준비율 조정의 영향을 받는 금융사가 늘어나면서 통화정책 효과도 높아질 수 있다.

또 예금뿐 아니라 은행채 등 다른 자본 조달 수단에도 지급준비 의무를 부과해야 한다는 견해가 있다. 예를 들어 100억 원어치 은행채를 발행해 자금을 조달했다면 이 가운데 10억 원 정도는 다른 데 쓰지 않고 그대로 묶어두어야 한다는 규제이다. 이렇게 되면 중앙은행의 은행에 대한 영향력이 강화된다. 또 은행채 발행이 과도하게 이뤄질 경우 지급준비 의무를 강화하면 은행채 발행 효과가 떨어져 은행채 발행이 감소할 수 있다.

하지만 이는 은행에게 큰 부담이 된다. 활용하지 않고 그대로 묶어두어야 할 자금이 늘면 은행의 수익 기반이 감소하기 때문이다. 특히 중앙은행이 이 같은 점을 이용해 수시로 지급준비율을 조절할 경우에는 은행들의 경영 예측 가능성을 극도로 떨어트릴 수 있다. 따라서 이보다는 저축은행 등 지급준비 의무가 아직 없는 기관으로 규제 범위를 넓히는 데 그쳐야 한다는 견해가 보다 설득력을 얻고 있다.

이와 함께 금융당국은 은행 조달 자금 가운데 빌린 돈이 일정 비율을 넘을 수 없도록 규제하기도 한다. 이렇게 하면 은행은 일정 비율 이상은 자기 돈으로 확보해야 하며 대출 가운데 일부를 떼이더라도 자기 돈에만 피해를 주고 예금에는 피해를 덜 미치게 할 수 있다. 이를 '자기자본비율 규제'라고 한다(뒤에서 보다 자세히 설명). 예를 들어 자기자본비율을 20%로 규제하면 10억 원의 대출 재원을 마련하기 위해 2억 원은 자기 돈을 투입해야 하는 식이다. 이렇게 하면 2억 원까지는 대출을 떼여도 예금자 피해를 막을 수 있다.

지급결제제도

금융당국은 전체 금융 안정을 위해 '지급결제제도'라는 것도 운영 중이다. 이는 한마디로 입출금을 관리하는 시스템이다. 우리가 금융사에 돈을 넣거나 빼고 전산 시스템을 통해 자동이체하는 등 모든 금융 거래 과정이 여기에 포함된다. 현재 완벽한 지급결제 시스템을 운영 중인 권역은 시중 은행이 유일하다.

은행 통장을 사용하면 월급을 이체받을 수 있고 타인에게 송금을 하거나 신용카드 결제금, 공과금 등에 대해 자동이체를 걸어둘 수 있다. 또 예금 잔액을 기반으로 수표를 발행할 수 있고, 통장과 연계해 현금카드를 만든 뒤 자동화기기를 통해 입출금 거래를 할 수 있다. 은행 외에 저축은행, 우체국, 농·수·축·신협, 새마을금고 등도 은행과 비슷한 지급결제 서비스를 제공한다. 하지만 수표 발행 등 일부 업무에 제한이 있다.

여기에 최근 증권사에도 지급결제제도 참여가 허용됐

다. 이에 CMA(Cash Management Account) 계좌를 통해 은행과 비슷한 서비스를 받을 수 있다. 다만 지점 수가 적어 활용도는 크지 않다.

아직까지 지급결제 시스템에 참여하지 못하는 주요 금융 권역은 보험과 카드이다. 보험료를 내거나 카드 대금을 납입하기 위해서는 반드시 은행 계좌를 통해야 한다. 또 보험금을 받거나 카드사로부터 캐시백(Cash Back)을 받을 때도 은행 계좌를 통해야 한다. 즉 보험사나 카드사와는 직접적인 입출금 거래를 할 수 없다. 이 같은 제한을 두는 것은 이들이 지급결제제도에 참여할 경우 참여자가 늘면서 전체 시스템을 교란할 수 있으며, 또 유지비용이 크게 늘 수 있기 때문이다. 따라서 외국의 경우에도 비은행 금융사들은 소비자 입장 혹은 중간자 입장에서만 지급결제제도에 참여하도록 하고 있다.

이에 대해 보험사들은 자신들에게도 지급결제계좌를 허용해 달라고 주장한다. 즉 은행을 거치지 않고 보험사가 만든 통장을 통해 바로 보험료 및 보험금 입출 거래를 할 수 있도록 해달라는 것이다. 이렇게 하면 은행 시스템을 빌려 쓰는 과정에서의 비용 부담을 줄일 수 있고 새로운 수익원도 발굴할 수 있다.

이를테면 가입자들에게 보험 계좌를 만들게 한 뒤 월급 통장으로 전환시키는 식이다. 보험사들은 이를 통해 자동이체 등 다양한 수익원을 발굴할 수 있고 계약자들이 보유한 보험 계좌 잔고 가운데 일부를 운용해 수익을 낼 수도 있다. 이에 대해 당연히 은행권은 극렬히 반대하고 있다. 고객을 보험권에 뺏길 수 있기 때문이다. 이들은 외국에 허용된 사례가 없다는 등의 근거를 들어 반대하고 있다. 하지만 보험권의 요구도 거세기 때문에 앞으로 논란은 지속될 전망이다.

금융 최후의 보루, 예금보험제도
– 도덕적 해이, 저축은행 문제

지급준비제도와 자기자본비율 규제를 하더라도 금융사가 부실을 이기지 못하고 파산할 수 있다. 특히 저축은행 같은 소규모 은행들은 파산하는 경우가 잦다. 이럴 경우 예금자들은 예금을 받을 수 없게 된다. 은행 부실이 무척 커서 지급할 방법이 없기 때문이다. 이를 예방하기 위한 안전 장치가 '예금보험제도'이다.

보험과 성격이 비슷한 예금보험제도

예금보험제도의 기본 구조는 일반 보험과 비슷하다. 다만 보험료를 내는 주체와 보험금을 타는 주체가 다르다.

금융사들은 평소 예금보험공사(예보)에 자신들이 문을 닫을 경우를 대비해 보험료를 낸다. 이후 실제 금융사가 문을 닫으면 예금보험공사는 이를 기반으로 예금자에 보험금을 지급한다. 즉 보험료를 내는 것은 금융사이지만 보험금을 타는 쪽은 예금자이다. 이때 보험금은 예금액과 '소정'의 이자이다. 소정의 이자는 시중 은행 평균 예금금리에 따른 이자를 가리킨다. 지급 방식은 문을 닫는 금융사의 처리 방식에 따라 달라진다.

처리 방안에는 크게 3가지가 있다. 다른 금융사로의 피인수합병, 가교은행 편입, 파산 등이다. 이 가운데 피인수합병은 부실 금융사를 다른 금융사가 사들여 합치는 방식이다. 이 경우 투자자의 피해는 없다. 예·적금은 물론 후순위채(5년 이상 긴 기간 동안 은행에 돈을 빌려주고 받은 채권으로 은행 파산 시 받아내기 어렵다)까지 인수자에 모두 넘어간다. 따라서 원금과 함께 약속했던 이자를 모두 받을 수 있다.

가교은행 편입은 예금보험공사가 금융 구조조정을 위해 설립해놓은 가교은행에 부실 금융사를 편입시키는 방식을 의미한다. 이는 저축은행의 자산부채 가운데 우량한 것만 골라 선별적으로 다른 주체에게 넘기고 해당 저축은행은 문을 닫게 하는 상황(Purchase & Assumptions; P&A; 자산부채이전)도 포함한다. 즉 저축은행이 P&A 방식으로 처리되면 가교저축은행 때와 상황이 비슷하다고 보면 된다. 예금보험공사는 부실 금융사를 한데 모아 하나의 법인으로 묶어 관리하다가 정상 궤도에 오르면 민간에 매각한다. 이 경우는 지급 방식이 예금액별로 엇갈린다. 원금과 약속받았던 이자를 합쳐 5,000만 원 이하 예·적금 투자자들은 가입 당시 이율대로 원리금 모두를 보장받는다. 계약이 가교은행으로 넘어가기 때문이다.

하지만 5,000만 원 이상 예·적금 투자자들은 5,000만 원까지는 보장되지만 5,000만 원을 넘는 부분은 보장받기 어렵다. 5,000만 원 이상 예·적금은 가교은행으로 넘기지 않고 소멸시켜 버리기 때문이다. 대신 예금보험공사

구분	5,000만 원 이하 예·적금	5,000만 원 이상 예·적금	후순위채
피인수합병	없음	없음	없음
P&A·가교은행 합병	없음	5,000만 원까지 보장·초과금액 자산 정리 후 지급	상환불가능
파산	5,000만 원까지 시중은행 평균 이자율대로 보장	위와 동일	상환불가능

[그림 1-2] **상황별 은행 투자자 피해**

가 보험기금을 사용해 5,000만 원까지는 보험금을 지급한다. 이를 넘는 부분은 금융사 부실 해결 후 남은 부분이 있으면 일부 보전받을 수 있다. 후순위채 투자자들은 투자금을 돌려받기 더욱 어렵다. 5,000만 원 이상 예·적금 투자자에까지 예금액을 모두 지급하고 남은 부분이 있어야 투자금을 상환받을 수 있기 때문이다. 그럴 가능성은 거의 없다. 그 정도 여유가 있었다면 은행이 파산할 일도 없었을 것이다.

은행을 파산시킬 경우, 5,000만 원 이상 예·적금이나 후순위채 투자자들은 가교은행으로 넘어가는 경우와 같다. 5,000만 원 이하 예·적금 투자자들은 보험금 지급을 통해 원금뿐 아니라 이자까지 보장해주되 가입 당시 이자율이 적용되지 않고 시중 은행 평균 이자율이 적용된다. 이처럼 5,000만 원 이하에 대해 이자까지 보장해주는 것은 저축은행 등 서민금융기관에도 예금자들이 떼일 두려움 없이 안심하고 예금할 수 있게 하기 위해서이다.

한편 은행이 판매하는 모든 상품이 예금 보호가 되는 것은 아니다. 그러므로 생소한 상품에 가입할 때는 예금 보호가 되는지 반드시 확인해봐야 한다.

도덕적 해이 부추기는 예금보험제도

예금보험제도는 '도덕적 해이'를 부추기는 단점이 있다. 은행이 파산하더라도 5,000만 원 이하로만 예금하면 돈을 떼일 염려가 없으니 은행이 얼마나 우량한지 확인 과정 없이 금리에 따라 움직이는 것이다. 금리가 높다면 위험성이 클 수 있다는 의심을 해보는 것이 정상이지만 예금보험제도를 믿고 살펴보지 않는 것이다. 은행이 예금자에게 높은 이자를 지급하기 위해서는 많은 이자를 받을 수 있는 위험한 대출을 해야 한다. 이렇게 되면 해당 금융사의 파산 가능성이 높아진다. 이 경우 당연히 예금자들은 예금을 꺼려야 한다. 하지만 예금보험제도를 믿고 금리만 보고 움직이는 경우가 많다.

이러한 도덕적 해이는 금융시장의 가장 큰 적이다. 때로는 투기를 유발하기도 한다. 기업이 망해도 국가가 해결해줄 것이라 믿고 부실 기업의 채권을 사들이는 행위가 대표적인 예이다. 부실 기업의 채권은 가격이 무척 낮다. 하지만 회사가 정상화되면 다시 가격이 오르기 때문에 부실 기업의 채권을 구입했다가 정상화된 이후 매각하면 높은 수익을 기대할 수 있다. 따라서 이를 바라면서 투자에 나서는 개인들이 많다. 기업들은 이를 이용해 정보를 제대로 공개하지 않으면서 '묻지마식' 투자를 부추기곤 한다.

 하지만 부실 기업이 어려움을 해소하지 못하면 투자금을 모두 날릴 수 있다. 그러면 투자자들은 국가나 은행이 기업을 도와주지 않아 자신들도 피해를 입었다는 근거를 대면서 국가나 은행을 상대로 보상을 요구하는 경우가 많다. 이는 기업 구조조정에서 큰 골칫거리가 되곤 한다. 이처럼 안정성을 점검하지 않은 채 높은 수익을 바라면서 투자를 했다가 어려움에 빠지자 보상을 요구하는 것은 도덕적 해이의 전형적인 모습이다. 금호그룹이 위기에 빠지자 금호 회사채를 사들인 뒤 금호가 결국 워크아웃에 들어가면서 투자금을 떼일 위기에 놓이자 은행 등을 상대로 보상을 요구한 사람들이 대표적인 예이다.

 이러한 도덕적 해이 문제로 인해 예금보험제도를 개편해야 한다는 목소리가 높다. 개편하는 방법의 첫째는 예금자 책임 강화이다. 비정상적으로 고금리를 주는 예금을 예금보험 대상에서 제외하는 것이다. 이는 금리가 높으면 위험 요인이 크다는 것을 스스로 인지했을 가능성이 크므로 보상하지 않는 것이다. 이때 원금은 보상하더라도 이자 전체 혹은 일부를 지급 대상에서 제외하는 것이 가능하다.

둘째는 예금보험료율 차등화이다. 현재는 예금보험료율이 권역별로만 차등화되어 있다. 파산 가능성이 거의 없는 은행권은 낮은 보험료를 내고 저축은행들은 높은 보험료를 내는 식이다. 이를 개별 금융사로 세분화해 파산 위험이 커진 금융사는 높은 보험료를 내도록 하는 방안이 가능하다. 그리고 이를 시장에 알림으로써 해당 금융사가 얼마나 위험한지 인식시키는 것도 가능하다.

셋째는 보호 대상 확대이다. 현재 관련법은 예금·적금·부금식으로 보호 대상을 나열하고 있다. 이에 따라 실질적으로 예금 성격을 갖고 있는 증권사 CMA, ELS 등이 예금 보호 대상에서 제외되어 있다. 이에 따라 예금 보호 대상을 확대해야 한다는 목소리가 있다. 이는 투자를 한 곳에 집중시키지 않고 범위를 넓히는 효과가 있다. 따라서 저축은행 예금 등에 대한 쏠림 현상을 어느 정도 막을 수 있다. 그러면 위험한 투자를 했다가 금융사가 파산해 기금을 사용할 가능성을 줄일 수 있다.

마지막으로 예금보험 한도 축소가 논의되고 있다. 현재 금융사에 상관없이 일률적으로 원리금 합계 5,000만 원으로 되어 있는 한도를 경과기간을 거쳐 1인당 2,000만 원식으로 대폭 줄이는 것이 가능하다. 또 1인이 아닌 직계가족을 합쳐 한도를 설정하는 방안, 금융사별 한도 차등 적용 등도 검토할 수 있다.

이 가운데 가장 뜨거운 감자는 예금보험 한도 축소이다. 당장 한도를 줄이면 각종 부작용이 생겨날 수 있기 때문이다. 우선 불안해진 예금자들이 예금을 빼려 하게 되고 이는 대규모 예금 인출 사태를 불러올 수 있다. 또 예금보험 한도 축소에 따라 일부 권역에서는 예금 유입이 줄고, 예금이 줄어든 만큼 은행의 대출 회수나 각종 자산 매각이 발생하면서 시장 혼란을 유발할 수 있다.

이에 예금보험 한도를 줄이더라도 현재 가입되어 있는 예금까지는 그대로 5,000만 원까지 적용하고, 새로 가입하는 예금에 대해서만 경과 기간을 두어 한도를 줄이는

예금보험제도 변경 현황
- 1997년 예금 2,000만 원 보장
- 1998년 원리금 전액으로 확대
- 2001년 예금 5,000만 원으로 축소

금융선진화 방안에 담긴 예금보호제도 개편안
〈단기과제〉
- 예금보호대상을 열거주의에서 포괄주의로
- 예보 역할 높여 감독 강화
- 사고율 높은 곳의 예금보호요율 인상

〈장기과제〉
- 은행, 저축은행 등 권역별 예금보호한도 차등화
- 예금, 보험금, 증권예탁금 등에 따라 보험금 차등화
- 차등보험요율제도 조기 도입(2014년 도입 예정)

방안이 가능하다.

예금보험과 저축은행 문제

예금보험 한도 축소가 필요하다는 주장이 나온 배경에는 저축은행 문제가 자리한다. 저축은행은 예금보험제도 수혜를 많이 입고 있는 기관 중 하나이다. 저축은행은 파산 위험이 상대적으로 커서 많은 사람들이 예금을 주저한다. 그런데 예금보험을 해주니 최근까지 너도나도 금리가 높은 저축은행에 몰렸다. 이에 따라 예금 유치 실적이 10조 원에 육박하는 저축은행이 속속 출현하고 있다. 지방은행과 거의 맞먹는 수준이다. 물론 예금 증가 자체를 문제 삼을 수는 없다.

문제는 쓰임새에 있다. 저축은행 설립 취지상 예금은 중소기업이나 서민 대출에 사용되는 것이 가장 바람직하다. 시중 은행에서 대출을 받지 못하는 계층의 대출 창구로 쓰이는 것이다. 하지만 이것이 가능하기 위해서는 저축은행이 보다 많은 지점을 설립할 수 있어야 한다. 그래야 상담 등이 원활하게 이뤄질 수 있다.

그런데 저축은행의 지점 수는 턱없이 모자란 상황이

다. 결국 많은 저축은행들이 물밀듯이 밀려드는 예금을 제대로 소화하지 못해왔다. 그러자 저축은행들은 부동산 프로젝트 파이낸싱(Project Financing; PF) 대출, 부실채권 매입 등에 눈을 돌리기 시작했다. 그런데 이들은 모두 위험성이 큰 투자이다. 이에 대해 저축은행 한 관계자는 "시중은행보다 높은 예금금리를 지급하기 위해서는 상대적으로 위험하지만 수익이 많은 투자에 치중할 수밖에 없다"고 토로했다.

이 같은 방식은 경기가 좋을 때는 문제가 되지 않는다. 하지만 금융위기 이후 경기가 침체되면서 투자 대상이 크게 부실해졌고 이는 저축은행 건전성을 위협하는 정도에까지 이르렀다. 실제 부동산 경기가 침체되면서 부동산 PF대출을 떼이는 일이 속출하고 있다. 이에 따라 문을 닫는 저축은행이 늘면서 예·적금 가입자에 대한 보험금 지급액이 급증해왔고 이는 기금의 심각한 결손을 유발하고 있다. 2011년 들어서만 8개 저축은행이 영업정지를 당했다.

금융당국 관계자는 "현재 저축은행들의 투자 양태는 설립 취지에도 맞지 않고 큰 위험성을 내포하고 있다"면서 "문제의 근원은 예금보험을 믿고 들어오는 예금에 있다"라고 말했다.

이 관계자는 "저축은행 구조 개선을 위해 합병 유도, 규제 강화, 지점 설치 관련 규정 재검토 등이 가능하겠지만 자산 확대 배경이 되고 있는 예금보험제도 개선이 반드시 필요하다"라고 말했다.

결국 예금보험 한도 축소를 통해 도덕적 해이를 바로잡음으로써 비정상적으로 특정 금융권에 돈이 쏠리는 것을 막아야 한다는 것이 금융당국 판단이다. 이에 따라 금융당국은 저축은행들의 부동산 관련 투자를 일정 수준 이상은 하지 못하도록 제한하는 동시에 예금보험 한도를 축소하는 방안을 검토 중이다.

이에 대해 저축은행 업계는 당연히 극렬하게 반발하고 있다. 저축은행의 한 관계자는 "지방 은행 수준 이상으로 규모가 커지는 것이 문제라면 그 수준으로 일을 할 수 있게 해주면 되는데 저축은행 업무 영역에는 제한이 많다"면서 "이를 풀어주면 무리하게 위험 자산에 투자할 필요가 없어 문제를 해결할 수 있다"라고 말했다.

하지만 금융당국은 현재의 예금보험 한도를 1997년 IMF 구제금융 위기 당시에 있었던 비정상 조치의 연장으로 해석하고 있다. 실제로 당시 2,000만 원이었던 한도가 무제한으로 확대된 뒤 5,000만 원으로 조정된 바 있다. 현재 소득 수준이 높아졌긴 했지만 여전히 높은 수준이라는 것이 금융당국 판단이다. 그러므로 예금보험 한도 축소는 '축소'가 아닌 '정상화'라는 것이 금융당국의 생각이다. 이에 따라 업계의 반발에도 불구하고 지속 추진될 전망이다.

물론 금융당국은 시장에 대한 파급력과 업계 반발을 크게 의식하고 있다. 따라서 당장 도입될 가능성은 낮다. 명시적으로도 "검토하고 있지 않다"라고 밝히고 있다. 앞으로 상황을 예의주시해야 할 것으로 보인다.

금융시장에 누가 참여하나
– 금융시장의 참가자들

금융시장이 존재한다면 여기에 참여하는 주체도 있다. 이들은 상인이 시장에서 장사를 하듯 소비자들의 마음을 끌기 위해 무한 경쟁을 벌인다. 그런데 이들의 특색을 한눈에 알아보기는 쉽지 않다. 앞서 드문드문 참가자들이 언급됐지만 이번 장에서 금융시장 참가자들을 자세히 소개한다.

간접금융시장 참가자들

간접금융시장의 주요 참가자로는 은행이 있다. 은행은 일반인들로부터 예금을 끌어 모아 돈이 필요한 사람들에게 대출해주는 것을 주 업무로 한다. 은행은 여러 등급으로 나뉜다. 가장 상위에는 대형 시중 은행이 있다. 여기에는 미치지 못하지만 지역을 거점으로 은행과 비슷한 업무를 수행하는 지방 은행들이 있다. 다음으로 저축은행, 조합, 새마을금고 등이 있다.

시중 은행은 금융과 관련한 거의 모든 업무를 수행할 수 있다. 이후 밑으로 갈수록 업무 영역이 제한된다. 또 밑으로 갈수록 안정성이 떨어져 예금금리를 높게 지급하는 경향이 있다. 그래야 예금자들이 예금을 하도록 만들 수 있기 때문이다. 높은 금리를 주고도 수익을 내기 위해서는 대출금리도 높게 받아야 한다.

주로 신용도가 낮은 중소기업이나 서민들이 저축은행 등의 대출을 이용한다. 이에 저축은행 등을 서민금융기관이라 부르기도 한다.

조합은 조합원들로부터 회비를 걷어 이를 대출 등으로 운용한 뒤 수익을 돌려주는 데 목적이 있다. 또 조합원들에게 대출을 해주기도 한다. 농민, 어민, 축산민, 지역민의 지원을 위해 만들어진 것이 농협, 수협, 축협, 신협이다. 이들이 모여 지역별 단위조합을 만든 뒤 각종 금융 활동을 벌인다. 이들 조합들은 일반인들에게도 문호를 열어둔다. 우리가 단위 농협에 마음대로 예금할 수 있는 것은 이 때문이다.

신협의 경우 조합원 등록을 해야 예금을 할 수 있으나, 탈퇴 시 돌려주는 몇 만 원 전후의 돈만 내면 조합원 등록을 할 수 있어 장벽이 없는 것이나 마찬가지이다. 조합비는 많이 낼 수도 있다. 수익이 나면 주식처럼 배당을 해줘 수익 목적으로 조합비를 많이 내는 사람들도 있다. 다만 특정 기업에 다니는 직장인들끼리 만든 직장 신협은 일반인 가입이 제한된다. 새마을금고는 전체적으로 신협과 성격이 비슷하다.

이 같은 점에 따라 사실상 조합도 일반 은행과 별 다를 바가 없다. 특히 농협과 수협은 중앙회란 것을 만들어 시중 은행 역할을 한다. 그리고 각 중앙회는 단위조합과 별도로 전국에 자체 지점을 만들어 시중 은행들과 경쟁을 벌인다. 가능한 한 많은 돈을 모아야 농어민 등에게 많은 대출을 해줄 수 있다는 주장에 따라 문호가 대폭 개방됐기 때문이다.

현재 우리가 거리에서 볼 수 있는 농협 지점에는 단위조합과 농협중앙회 지점이 혼재되어 있다. 우체국도 금융 기능을 수행한다. 특히 우체국 예금은 5,000만 원 이상

무제한 예금보호가 되어 위기 때면 예금자가 대거 몰리는 경향이 있다.

이와 관련하여 외국 은행 국내지점(줄여서 '외은지점')에 대해 별도로 알아둘 필요가 있다. 이는 말 그대로 외국 은행들이 국내에 설치한 지점이다. 주로 국내로 외환을 유입시켜 이를 투자한 뒤 수익을 내는 것을 목적으로 한다. 수익 중 대부분은 본점으로 다시 보낸다.

HSBC, JP모건, 골드만삭스, 모건스탠리 등 글로벌 금융사들이 모두 국내에 지점을 갖고 있다. SC제일은행, 씨티은행은 외은지점이 아니다. 이들은 전국적인 영업망을 갖고 일반 은행 영업을 하는 시중 은행이다. 다만 주인이 외국인일 뿐이다. 별도로 외국계 은행이라 부른다.

특수은행은 특정한 목적을 위해 정부가 직접 설립한 은행이다. 산업은행은 국가 지원이 필요한 기업을 육성하기 위해, 기업은행은 중소기업 지원을 위해, 수출입은행은 기업들의 수출입 업무와 남북협력 지원 업무를 돕기 위해 설립됐다.

이들은 예금을 받지 않고 채권 발행이나 국고 지원을 통해 자금을 마련한 뒤 각종 업무를 수행한다. 또한 이들은 공통적으로 해외에서 채권을 발행해 국내에 외화 유동성을 공급하는 역할도 맡는다. 사실상 국가 보증이 있어서 다른 은행들보다 낮은 금리로 채권을 발행할 수 있다. 다만 경제가 발전하면서 특수은행의 역할은 많이 축소됐다.

산업은행은 민영화 후 투자은행(Investment Bank; IB)으로의 전환을 꿈꾸고 있고, 기업은행은 예금 수신 등 일반은행이 할 수 있는 모든 업무를 할 수 있게 되면서 시중 은행 중 하나가 되었다. 수출입은행은 수출입에 한정되지 않고 전반적인 기업 지원을 위한 은행으로 탈바꿈 중이다.

외은지점과 특수은행은 예금을 받지 않고 채권 발행 등을 통해 자금을 모집한다는 점에서 간접금융시장보다는 직접금융시장 참여율이 높다.

여신 전문업체

여신 전문업체들은 돈을 빌려주는 것이 주요 업무인데, 은행 성격의 금융사들과 가장 큰 차이점은 예금을 받을 수 없다는 것이다. 따라서 이들은 채권을 발행하거나 다른 금융사로부터 돈을 빌려 대출 재원을 마련한다.

여신 전문업체 가운데 카드사는 우리가 물건을 사면 그에 해당하는 금액을 카드 결제일까지 대신 내주는 것을 주요 업무로 한다. 대신 내준 뒤 결제일에 상환받는다는 점에서 카드로 물건을 구입한 사용자들에게 단기 대출을 해주는 것과 결과가 같다. 주요 수익원은 우리가 물건을 사는 상점들로부터 받는 수수료이다. 대략 결제액의 0.5~3% 정도이다. 상점들은 거래를 중개해줌으로써 매출액을 늘려준 대가로 카드사에 수수료를 낸다.

카드 사용자에게는 아무런 부담이 없다. 오히려 카드사는 자기 부담으로 포인트 적립 등 각종 혜택을 제공한다. 그래야 보다 많은 사용자를 끌어 모아 결제를 하게 함으로써 수익을 확대할 수 있기 때문이다. 또 카드사는 '현금서비스' 명목의 대출 업무도 한다.

캐피탈사는 대출 업무를 주로 하되 금액이 높은 시설물 구매 대출에 특화되어 있다. 자동차 구입 대출이 대표적인 예이다. 일단 캐피탈사가 자동차 대금을 자동차 회사에 지급한 뒤 구입자로부터 원리금을 수십 개월간 분할상환받는 형태를 주로 띤다. 자동차뿐 아니라 중소기업을 상대로 고액의 기계를 구매할 때 대출해주거나 신용대출 업무도 한다.

대부업체는 신용도가 낮은 서민을 상대로 한 신용대출(담보 없이 신용도만 확인 후 대출)을 전문으로 한다. 다른 곳에서 자금을 빌린 뒤 빌릴 때의 이자율보다 높은 대출 이자율을 받아 수익을 낸다. 대부업체는 등록 대부업체와 미등록 대부업체로 나뉜다. 등록 대부업체는 정식으로 정부에 등록 신고를 한 뒤 영업하는 업체를 말한다. 러시앤캐시 등이 대표적인 예이다. 미등록 대부업체(사금융이라고도 부른다)는 등록 절차 없이 개별 영업을 하는 곳을 의미한다.

정부는 등록을 유도하기 위해 이들이 받을 수 있는 최고 이자율을 등록 대부업체에 적용되는 연 44%보다 훨씬 낮은 30%만 받도록 강제 중이다(이 이상 받으면 불법 대출이 된다). 정부는 보다 높은 이자를 받기 위해 업체들이 등록을 할 것으로 기대하고 있다. 또 이들을 추적해 정기적으로 감시도 한다.

하지만 등록 유도는 쉽지 않다. 등록을 하면 각종 규제가 뒤따르기 때문이다. 그래서 등록을 하지 않고 연 이자율로 수백%, 심지어는 수천%를 받는 불법 미등록 업체들이 난립해 있다. 이들에 대해 처벌을 내리곤 하지만 모두 적발하는 것은 쉽지 않은 일이다.

대부업체 등 여신업체들은 일반적으로 금리가 매우 높아서 연 20~40%에 이른다. 예금 등을 통해 낮은 비용으로 자금을 조달할 수 없는 상황에서 스스로도 수익을 내기 위해서는 높은 금리를 받는 경우가 많다. 또 여신업체의 대출 서비스를 이용하는 사람들은 대개 능력이 없어 돈을 뗄 확률이 높아 이러한 위험도를 고려해 높은

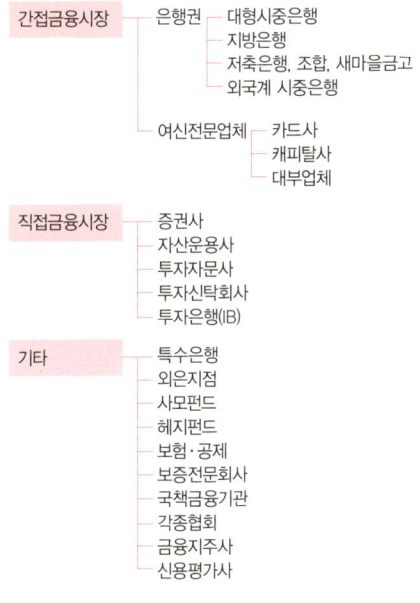

[그림 1-3] **금융시장 참가자 구성**

이자를 받는다. 그래야 일부 대출을 떼이면서도 높은 이자 수익을 통해 돈을 벌 수 있기 때문이다. 하지만 지나치게 금리가 높다는 비판에 따라 정부는 최고 49%였던 여신업체 대출이자율의 법정 상한선을 44%로 내렸고 곧 39%까지로 내릴 예정이다. 이 이상 받지 못하게 하겠다는 것이다.

직접금융시장 주요 참가자들

자금을 조달한 뒤 이를 기반으로 남에게 빌려주는 것을 전문으로 하는 일반 금융사와 달리 투자에 특화된 금융사들도 있다. 이들은 주로 직접금융시장에 참여해 자금을 조달한 뒤 이를 다시 직접금융시장의 다른 금융상품에 투자해 수익을 내는 것을 목적으로 한다. 그리고 그 수익은 투자자와 나눠 갖는다. 이러한 금융사들은 여러 형태로 나뉜다.

우선 증권사는 직접금융시장에서 판매와 중개를 전문으로 하는 곳이다. 펀드, 채권 등을 판매하고 주식 직접거래를 중개한다. 다음으로 자산운용사는 투자를 전문으로 한다. 주식 등 각종 금융자산뿐 아니라 부동산 등에 투자해 수익을 내는 것을 목적으로 한다. 신종 금융상품을 만들기도 한다. 자산운용사와 비슷한 개념의 투자자문사는 거액의 돈을 한 번에 맡기는 투자자를 주로 대상으로 하며 일반인을 잘 상대하지 않는다. 투자신탁회사는 증권사와 자산운용사가 결합된 형태이다. 즉 자산운용을 하면서 직접 판매도 한다. 다만 개별 업무에 제한이 많아 완전히 결합된 형태는 아니다. 이 밖에 선물, 스왑, 옵션 등 파생금융상품 투자를 전문으로 하는 선물회사도 있다.

이처럼 직접금융시장에 참가하는 회사들이 업무별로 쪼개져 있다보니 금융 발전에 어려움이 많다는 지적이 있어 정부는 자본시장통합법을 통해 금융사들이 여러 업무를 함께할 수 있도록 하고 있다. 이 법에 따라 설립된 금융사들은 은행, 보험을 제외한 모든 금융 업무를 처리할 수 있다. 즉 판매를 하면서 자산운용도 할 수 있고 다양한 투자도 할 수 있다.

정부는 이를 위해 금융사별로 팔 수 있는 상품을 일일이 열거하던 규제를 없애고, 일정 요건만 갖추면 모든 상품을 만들고 팔 수 있도록 했다. 이를 통해 금융상품 개발 및 판매 활성화를 목표로 하고 있다.

다만 이 과정에서는 소비자의 권익이 침해될 소지가 있다. 금융사의 권한이 커지다보니 소비자의 투자금을 마음대로 운용하면서 손해를 끼칠 여지도 커진 것이다. 이에 따라 손실과 관련한 분쟁이 생겼을 경우 금융사 스스로 자신의 과오가 없다는 사실을 증명하지 못하면, 소비자의 손을 들어주는 등의 내용을 소비자 보호 규정을 포함시켰다.

이 법을 통해 정부가 의도한 것은 한국판 골드만삭스, 즉 대형 투자은행(Investment Bank; IB)의 육성이다. 투자은행은 채권 발행이나 차입을 통해 돈을 끌어 모은 뒤 여러 금융 상품에 투자해 수익을 내는 회사이다. 또 기업 인수합병을 도와주고, 기업을 인수한 뒤 구조조정 후 되팔아 수익을 내거나 기업 상장과 채권 발행을 중개하는 등 다양한 활동을 한다. 따라서 금융의 첨단에 서 있다는 소리를 듣는다.

투자은행들은 돈을 벌 수 있는 일이라면 어떤 일이라도 하면서 대규모 이익을 내왔다. 이에 한국에도 대형 투자은행이 출현해야 한다는 목소리가 많았다. 삼성증권, 대우증권 등이 그 후보로 뽑혀왔다.

투자은행이 금융시장에서 주도권을 발휘하면서 이는

금융시장의 대형 트렌드가 됐다. 비슷한 개념으로 상업투자은행(Commercial Investment Bank; CIB), 유니버셜 뱅크(Universal Bank) 등이 있다. CIB는 투자은행 업무를 겸영하는 일반 시중 은행을 뜻한다. CIB는 투자은행과 달리 일반인으로부터 예금을 끌어 모을 수 있다는 점에서 더 경쟁력이 있다. 투자은행 업무는 별도의 계열사를 통해서 하는 경우가 많다. 미국의 JP모건이 대표적인 예이다.

유니버셜 뱅크는 계열사 구분 없이 아예 한 조직에서 일반은행과 투자은행 업무를 같이 한다. 투자은행 업무를 조직 내 사업부로 두면서 각종 투자 활동을 한다. 독일의 도이체방크가 대표적이다. 투자은행 업무를 하지 않거나 소규모로만 하는 일반은행은 상업은행(Commercial Bnk; CB)이라 부른다.

정부는 대형은행을 육성하기 위해 자본시장통합법을 만들면서 일반 시중 은행에도 많은 규제를 풀어줬다. 하지만 이 같은 정책은 최근 들어 주춤한 상태이다. 금융위기 기간 IB들이 대규모 투자손실을 보면서 금융시장을 극도의 혼란 상태로 몰아넣었기 때문이다. 대표적 IB였던 리먼브러더스는 파산을 했고, 메릴린치는 뱅크 오브 아메리카에 인수되는 굴욕을 맛봤다. 또 도이체방크는 자기자본의 무려 50배에 이르는 빚을 끌어 들여 투자 재원을 활용하다 위기를 맞기도 했다.

이에 한국에서도 IB 업무가 위험하다는 사실이 인지되면서 자본시장통합법 시행 방식이 많이 후퇴하고 있다. 여기에는 은행들의 위기감도 작용을 했다. 증권사들의 업무 영역이 늘면서 신탁(개인 자산을 금융사가 대신 관리해 주는 것) 등 은행들이 경쟁력을 가져왔던 분야를 잠식해 들어올 것이란 우려가 나온 것이다. 특히 자본시장통합법으로 업무 제한이 많이 완화된 외국계 금융사들의 공세가 강화될 것이란 지적도 있었다. 이에 따라 다시 많은 규제가 형성되고 있다.

파생금융상품을 개발해 판매할 때는 반드시 사전심의를 통과해야 한다는 규정이 신설된 것이 대표적인 예이다. 이를 통해 정부는 투자자의 이익을 훼손할 수 있는 상품일 경우 판매를 금지할 계획이다.

사모펀드와 헤지펀드

투자은행과 비슷한 개념으로 사모펀드(Private Equity

Fund; PEF)와 헤지펀드(Hedge Fund)가 있다. 사모펀드는 일반인이 아닌 소수의 거액 자산가나 금융사로부터 돈을 모집해 각종 투자 활동을 벌이는 전문 금융사를 의미한다. 보통 특정한 목적을 위해 설립된 뒤 목적을 달성하면 투자금과 함께 수익을 반환하며 해체하는 경우가 많지만, 성과가 좋으면 지속적으로 투자 활동을 한다. 외환은행을 인수했던 론스타가 대표적이다. 사모펀드 중에는 구조조정 중인 기업을 인수해 정상화되면 높은 값에 되팔아 수익을 내기 위해 만들어진 경우가 많다.

우리 같은 일반인들이 가입하는 펀드 가운데는 사모펀드가 거의 없다. 일반인들이 가입하는 펀드는 사모펀드와 구분하기 위해 '공모펀드'로 불리며, 공개적으로 돈을 모아 주식 등에 투자해 수익을 낸다. 처음엔 펀드로 시작해 자산운용사 등 회사의 골격을 갖춰가는 경우가 많다. 미래에셋이 대표적이다.

헤지펀드는 각국의 금리 차이, 환율 예상 등을 통해 틈새 수익을 노리는 펀드이다. 사모펀드처럼 소수로부터 돈을 모아 국제적으로 투자처를 찾아다니며 투자를 한다. 미국보다 한국 금리가 높으면 미국에서 돈을 빌려 한국 채권에 투자해 수익을 내는 식이다.

헤지펀드는 투기를 하는 경우가 많아 골칫거리가 되고 있다. 투기 대상은 원유 등 실물, 환거래 등 가리는 것이 없다. 한국 원화가치가 폭락할 것 같으면 갖고 있던 원화를 모두 내다 판 뒤 가치가 바닥에 이르면 재매입해 수익을 내는 식이다. 이러한 행위는 실제 가치 폭락을 불러와 외환위기를 일으키기도 한다. 또 원유 가격이 급등할 것 같으면 미리 원유를 사들여 가격이 오르면 되팔아 수익을 내기도 한다. 이는 미리 원유를 사들이는 과정에서 실제 원유 가격 급등을 불러온다.

헤지펀드는 이 밖에 기업 지분 투자를 하는 등 투자 대상에 제한이 없다. 유명한 조지 소로스가 만든 소로스펀드가 대표적인 예이다. 최근 들어 헤지펀드와 투자은행의 경계가 매우 모호해졌다. 돈이 되는 일이라면 뭐든지 하는 공통적인 특성이 있기 때문이다. 다만 투자은행은 보다 그럴 듯한 회사 조직을 갖추고 있을 따름이다.

헤지펀드들은 증권사에 설립 과정의 잡무, 투자자 모집, 자산 관리 등을 위탁하는 경우가 많은데 이러한 업무를 '프라임 브로커리지 서비스(Prime Brokerage Service; PBS)'라 한다.

기타 참가자들

보험사는 전체 성격이 자산운용사와 비슷하다. 일반인으로부터 보험료를 거둬 투자를 통해 수익을 올리고 보험료 기금을 키운 뒤 보험 사고를 당한 사람들에게 보험금을 지급하고 나머지를 자신의 수익으로 삼기 때문이다. 비슷한 개념으로 '공제'가 있다. 이는 같은 직장 혹은 직군에 속한 사람들이 모여 각자 부담으로 기금을 만든 뒤 각종 어려움을 겪는 회원들에게 도움을 주는 단체이다. 공제는 일반인들에게 문호를 열어 사실상 보험사 역할을 한다. 농협공제가 대표적인 예이다(농협공제는 최근 정식 보험사로의 전환했다).

이 밖에도 여러 유형의 금융사들이 있다. 우선 보증을 전문으로 하는 보증회사들이 있다. 누군가 대출을 받을 때 은행 등이 돈을 갚지 못할 경우 대신 갚아줄 사람의 보증을 요구하면 보증회사들이 수수료를 받고 보증을 서 준다. 수수료 수입이 보증을 통해 대신 갚아준 돈보다 많으면 수익을 낸다. 민간회사로 기업 대출 보증을 전문으로 하는 서울보증보험이 있고, 국가가 중소기업과 서민의 대출 보증을 위해 만든 신용보증기금, 기술보증기금, 지역신용보증재단 등이 있다.

이 외에 정부는 '국책금융기관'이란 이름으로 다양한 목적의 금융사를 설립 운영 중이다. 국민들에게 낮은 이자의 장기 주택 대출을 공급하는 주택금융공사, 금융사들이 어려움에 빠지면 돈을 공급하고 대신 이들의 부실 대출을 가져가 처리하는 자산관리공사, 금융사로부터 보험료를 받은 뒤 금융사가 파산하면 예금자들에게 보험금을 지급하고 파산한 금융사를 구조 조정하는 예금보험공사, 해외 금융시장 정보를 모아 분석해 금융 정책을 위한 자료로 제공하는 국제금융센터, 한국은행이 보유한 외환보유고를 위탁받아 해외에 투자해 수익을 내는 한국투자공사(KIC) 등이 대표적인 예이다. KIC처럼 국가 보유 자산을 해외에서 불리기 위해 만들어진 기관을 '국부펀드'라 한다.

각종 협회도 공적 기능을 수행한다. 원래 설립 목적은 소속 금융사들의 이익을 증진하는 데 있지만 정부가 법으로 설립 근거를 만들어 각종 공적 기능을 부여한다. 은행 대출 기준 금리를 만들고 각종 규정을 제정해 은행에 전달하는 은행연합회가 대표적인 예이다.

신용평가사들에 대해서도 숙지해둘 필요가 있다. 원활한 금융 거래를 위해서는 각종 금융사, 금융상품이 얼마나 믿을 수 있는지 검증이 필요하다. 신용평가사들은 이를 전문으로 한다. 특히 채권의 신용도를 평가하는 과정에서 자연스레 이를 발행한 기업 평가도 하게 된다. 삼성전자가 발행한 회사채 등급을 산정하기 위해 삼성전자의 안정성을 검증하는 식이다.

일반인의 신용 정보를 모아 분석한 뒤 개개인들에게 신용등급을 부여하는 회사도 있다. '크레디트 뷰로(Credit Bureau)'라 불린다. 금융사들은 이들이 생산한 정보를 사들여 개인 대출 시 평가 자료로 활용한다.

최근 들어 금융회사 사이에는 장벽이 많이 사라지고 있는 추세이다. 은행이 보험을 판매하고(방카슈랑스; Bancassurance) 펀드 가입을 중개하는 것이 대표적인 사례이다. 이를 통해 은행들은 판매 수수료를 받아 추가 이익을 낸다. 또 보험사들은 보험 가입자들에게 가입 보험을 담보로 대출을 해주고, 증권사들은 CMA 계좌를 통해 은행이 수행하는 각종 지급결제 업무를 한다.

'금융지주회사'의 등장은 이 같은 영역을 파괴하는 데 촉진제 역할을 하고 있다. 은행들이 지주회사를 설립한 뒤 보험, 증권, 카드사 등을 인수해 여러 업무를 사실상 겸영하는 것이다. 은행들은 자신을 포함해 인수회사들을 지주회사에 소속시킨 뒤 각종 활동을 벌인다. 신한은행, 신한카드, 신한금융투자, 신한생명을 소유한 신한금융지주가 대표적인 예이다. 금융지주회사들은 은행에서 출발해 영역을 계속 확장하고 있다.

은행들은 부수적인 업무를 수행하기 위해 별도의 전문투자기구(Structured Investment Vehicle; SIV)를 만들 때가 많다. SIV는 은행과 별개의 회사라서 파산해도 은행 재정에 악영향을 미치지 않으므로 위험한 거래를 전담한다. 은행들은 이 회사에 각종 위험 자산을 떠넘겨 은행 장부를 좋게 꾸미기도 한다. 이러한 회사들이 하는 거래는 부외거래라 불린다. 실제로는 은행이 하는 일이지만 형식상 별개 회사를 통해 이뤄지다보니 은행 장부에 기록되지 않기 때문이다. 필요에 따라 SIV의 자산과 부채가 은행으로 넘어가면 그때 가서야 은행 장부에 기록된다. 이에 부외투자기구들은 숨겨진 은행 역할을 한다. '섀도 뱅크(Shadow Bank)'라 불리는 것은 이 때문이다.

SIV는 또 은행에 가해지는 각종 규제를 회피하기 위해 만들어지는 경우가 많다. 주로 유동화 증권 발행을 통한 차입 및 투자를 하며 등록, 공시, 사업보고서 제출 등의 의무가 없다. 위험한 업무를 주로 하다보니 경제 위기가 오면 가장 먼저 무너지곤 한다. 하지만 이는 은행 장부에 잡히지 않는다. 반대로 큰 수익을 내면 각종 자산이 은행으로 이관되면서 은행 장부를 예쁘게 꾸민다. 이러한 SIV 등의 등장에 따라 간접금융, 직접금융, 자산운용 등 금융 영역이 갈수록 무의미해지고 했다.

이 밖에 만기 1년 이내 금융상품 거래 중개를 전문으로 하는 '단자회사'라는 것이 있었는데 업종에 제한이 있어 최근에는 대부분 다른 금융사로 전환했다. 하나은행의 뿌리가 단자회사에 있다. 또 외환위기 이전 증권사 업무 외에 일부 간접금융 업무를 할 수 있는 종합금융사(종금사)들이 전성기를 누릴 때가 있었는데 부실 여파로 대부분 사라지거나 증권사로 전환했다.

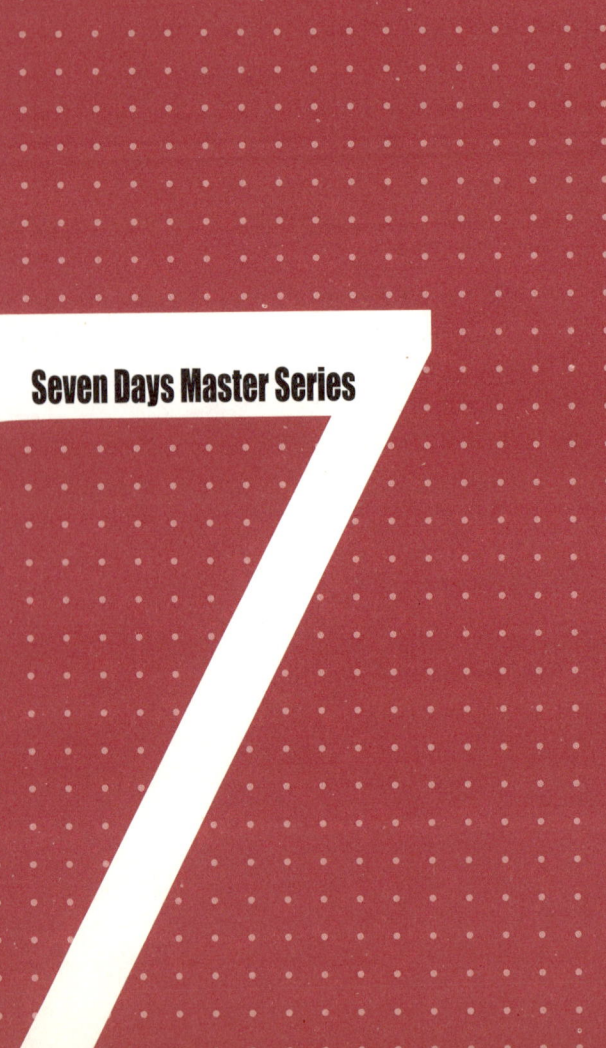

Seven Days Master Series

step 2

금융시장을 움직이는 힘, 금리

기준금리를 내렸는데 대출금리가 오른다?
– 가산금리, CD금리

경기 불황이 오면 한국은행은 기준금리를 내린다. 경제주체들의 이자부담을 낮춰 경제활동을 장려하기 위함이다. 그런데 뜻대로 되지 않을 때가 많다. 그러자 정부가 최근 묘안을 냈다. 무엇이었을까?

기준금리 움직임 비웃는 가산금리 조절

한국은행(한은)이 기준금리를 내리면 은행들의 자금 조달 비용이 내려간다. 기준금리 인하에 따라 은행들이 한은에서 차입할 때 적용하는 금리를 내려주기 때문이다. 이에 따라 은행들은 기업이나 가계에 대출할 때 적용하는 금리도 내려준다. 또 기준금리 인하에 맞춰 은행들은 예금금리도 내림으로써 대출금리를 더욱 내릴 여지가 생긴다. 반대로 한은이 기준금리를 올리면 차입 비용이 늘면서 대출금리가 올라간다.

그런데 이 같은 연쇄 고리가 제대로 작동하지 않을 때가 많다. 우선 한은의 금리 인상이 시장금리 인상으로 이어지지 않은 사례를 살펴보자. 대표적인 사례가 2007년에 있었다. 당시 한은은 5차례에 걸쳐 기준금리를 1.25%포인트 인상했다.

금리를 올리면 시장금리가 그에 맞춰 오르기 때문에 대출받으려는 사람이 줄면서 시중에 돈이 덜 풀리는 것이 정상이다. 그런데 은행들이 여기에 이상 반응을 하기도 한다. 한은이 아무리 기준금리를 올려도 은행이 이익을 줄여 대출금리를 오히려 낮추는 것이다. 보통 대출금리는 기초금리(한은이 설정하는 기준금리에 따라 움직이는 CD금리 등)에 은행들이 이익을 위해 따로 설정하는 가산금리가 덧붙어 결정되는데 기준금리가 오르더라도 그 이상으로 가산금리가 내려가면 실제 대출금리는 오히려 떨어질 수 있다.

2007년 당시 대출금리 추이를 보면 떨어지지는 않았

지만 인상폭이 기준금리의 인상폭에 훨씬 못 미쳤다. 이때는 은행들이 외형 확대를 위해 대출 경쟁을 벌이는 상황이었다. 그래서 한은의 금리 인상에도 불구하고 은행들은 대출금리를 별로 올리지 않았다. 이 같은 상황에서 자금 수요까지 줄지 않자 결국 대출은 크게 증가하고 말았다. 이때 중소기업 대출은 6조 원 가까이 급증했고 주택 대출도 2조 원 이상 늘었다.

이처럼 한은이 금리를 올려도 시장금리가 이에 맞춰 오르지 않으면 유동성은 줄지 않고 증가할 수 있다. 한은이 아무리 노력을 해도 경제주체들의 이상 반응을 꺾지 못하는 것이다.

이는 자금의 단기화 현상에 따른 영향이 컸다. 당시 전체 정기예금 가운데 만기 3년 이상 장기예금이 차지하는 비중은 4.7%에 그쳤다. 2004년보다 1.1%포인트 줄어든 수치였다. 특히 만기 5년 이상 정기예금 비중은 1.8%에서 1.0%로 줄었다. 반면 만기 3년 미만 정기예금 비중은 크게 증가했다.

이처럼 장기예금보다 단기예금에 많은 돈이 유입된 것은 부동산, 주식 등에 대한 투자 기회를 노리는 심리 때문이었다. 부동산, 주식 등에 투자하기 위해서는 언제든지 현금화할 수 있는 자산이 필요했고 이에 따라 만기가 짧은 예금에만 돈이 몰렸다. 장기예금은 중간에 해약할 경우 이자에 큰 손실이 발생해 현금화하기 어렵다.

이 같은 상황은 은행들이 대출 이자율을 낮게 유지하는 데 큰 도움이 됐다. 이자율이 낮은 단기 예금에만 돈이 몰리니 대출 이자율도 낮게 유지할 수 있었던 것이다. 결국 기준금리 인상에도 불구하고 은행들은 대출 이자율을 덜 올릴 수 있었고 이에 따라 대출은 줄지 않았다. 이에 대해 한은은 여러 차례 "시중 유동성이 너무 풍부하다"는 경고를 했다.

은행 기준금리 역할을 하는 CD금리

이 같은 상황은 경제위기 때는 완전히 반대로 나타난다. 한은이 아무리 기준금리를 내려도 시중 은행이 그 이상으로 가산금리를 올려 최종 대출금리를 올려버리는 것이다. 경제위기 때는 돈을 떼일 위험이 커진다. 그래서 기준금리 인하에 따라 지점 창구에 고시되는 '최저금리'는 인하하더라도 실제 대출에 적용되는 금리는 올릴 경우가 많다. 일부 대출이 떼일 경우에 대비해 이자를 더 받아 룸을 확보해두기 위해서이다. 여기에 위기 때면 당장 돈이 급해 돈을 구하려는 수요가 늘어 돈의 가격인 금리가 올라가는 효과도 겹친다.

은행의 금리 설정에서 기본이 되는 것은 양도성 예금증서(Certificate of Deposit; CD)이다. 예금자가 은행에 돈을 맡기면 다시 찾을 때까지 소유자에 변화가 없는 일반 예금과 달리 CD는 말 그대로 양도가 가능한 예금이다. 예를 들어 A가 갖고 있던 1,000만 원짜리 예금을 B에게 팔 수 있는 식이다. 예금은 중간에 해약하면 이자에 큰 손해를 봐야 한다. 이 같은 경우에 예금을 누군가에게 넘기고 대가를 받을 수 있다면 이자에 손해를 보지 않아도 된다. 이를 위해 개발된 것이 CD이다.

또 CD는 일반 예금처럼 가입자명을 기재하지 않아도 된다. 즉 무기명으로 거래할 수 있다. 이에 자신의 정보를 은행 전산망에 남기지 않고 돈을 투자하려는 사람들이 자주 이용한다. 양도가 가능하고 이름을 남기지 않아도 되는 편리성이 있지만 예금자보호가 되지 않아 만기가 같은 일반 예금보다 금리가 낮다. CD의 만기는 보통 90~180일 사이이다. 만기에 증서만 있으면 신분 확인 없이 은행에서 돈을 돌려받을 수 있다.

CD는 양도 과정에서 시장금리 영향을 받아 수시로 금리가 바뀐다. 시장금리가 오름세인데 CD를 갖고 있는 사람이 이를 누군가에게 팔아 현금을 확보하려 한다고 하자. 그럼 이 사람은 CD를 사는 사람에게 일정 부분 보상을 해줘야 한다. 그렇지 않으면 아무도 CD를 사지 않고 다른 데 투자하게 된다. 이때 보상해주는 금액을 원금으로 나눠주면 일정한 비율이 나오고 이를 애초에 CD가 발행될 때 정해진 금리에 더해주면 CD 유통금리가 형성된다.

예를 들어 A가 연 2% 금리로 발행된 1,000만 원짜리 CD를 B에게 넘긴다고 하자. 그런데 시장금리가 오르자 A는 B에게 10만 원을 보상해줬다. 10만 원을 1,000만 원으로 나눠주면 1%가 나온다. 이를 최초 발행금리 2%에 더하면 3%가 나오고 이것이 해당 CD의 유통금리가 된다. 이 같은 거래는 증권사를 통해 이뤄진다.

기준이 되는 CD금리는 만기가 91일 남은 우량은행(신용등급 AAA)이 발행한 CD의 거래금리이다. 10개 주요 증권사가 매일 CD 거래를 중개하면서 이때 적용된 금리를 금융투자협회에 보고한다. 그러면 협회는 가장 높은 것과 가장 낮은 것을 뺀 8개 금리의 평균을 고시하게 된다. 은행들은 이 CD금리를 확인한 뒤 가산금리를 덧붙여 대출금리를 결정한다.

예를 들어 CD금리가 3%라면 여기에 2%의 가산금리를 덧붙여 5%의 대출금리를 적용하는 식이다. 여기서 CD금리는 은행의 자금 조달 비용을 대표하고 가산금리는 은행 입장에서 마진 역할을 한다.

이러한 CD금리가 은행들의 기초금리로 사용되는 것은 CD금리가 전체 시장금리 동향을 가장 발 빠르게 반영하기 때문이다. 특히 한은이 결정하는 기준금리 움직임에 거의 그대로 반응한다. 반응 속도나 정도에서 그 어떤 금리와 비교해도 가장 빠르고 정확하다. 심지어 앞으로 기준금리가 어떻게 변할지를 예측해 미리 움직이기도 한다.

CD금리는 은행이 대출 재원 마련을 위해 시장에서 자금을 조달할 때 들이는 비용이 어떻게 변하고 있는지를 그대로 상징한다. 즉 CD금리가 올라간다는 것은 은행의 자금 조달 비용이 상승하는 상황을 의미하고, 반대로 CD금리가 내려간다는 것은 은행의 자금 조달 비용이 하락하는 상황을 의미한다.

따라서 CD금리를 시중 은행 대출의 기본금리로 사용

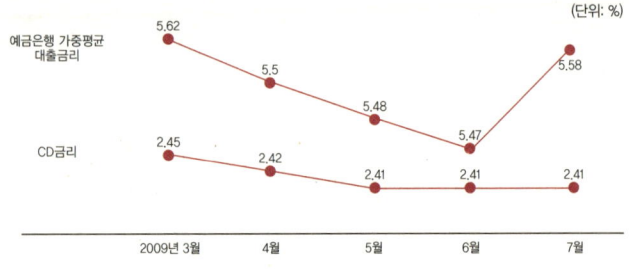

[그림 2-1] **CD금리와 따로 움직이는 대출금리**
＊자료 : 한국은행

하면 한은 금리 결정을 시장으로 파급시키는 데 큰 효과를 볼 수 있어 정부는 은행이 대출을 위한 기준금리로 CD금리를 쓰도록 했다. 다만 이때는 CD 거래가 활발해 금리가 제대로 산정될 것을 전제로 한다.

대표성 없는 CD금리

사정이 이렇다면 은행이 적정 마진을 계속 유지할 경우 CD금리가 내려가면 대출금리도 내려가야 한다. 자금조달 비용이 줄어드는 만큼 금리도 내려가는 것이다. 그런데 은행들은 기준금리 인하에 따라 CD금리가 내려가도 여기에 덧붙이는 가산금리를 올릴 수 있다. 특히 가산금리 인상폭이 CD금리 인하폭보다 크다면 대출금리는 CD금리 인하에도 불구하고 오를 수 있다.

2009년 글로벌 금융위기 때 이 같은 일이 일어났다. 당시 한은이 결정하는 기준금리가 2%에 머물면서 CD금리도 2%대 중반에 그쳤다. 금융위기 이전과 비교하면 크게 내려간 수준이었다. 그런데 대출금리는 오히려 크게 올랐다. 이는 CD금리와 무관하게 은행들의 자금 조달 비용이 크게 늘었기 때문이다.

금융위기가 발생하자 은행들은 자금을 구하기 어려워졌다. 은행에 대한 신뢰가 떨어지면서 어느 누구도 섣불리 은행에 자금을 공급하려 들지 않았기 때문이었다. 이에 은행들은 예금금리를 인상하고 은행채 발행금리를 높여야 했다. 그래야 그나마 자금을 구할 수 있었다.

그런데 CD금리는 이 같은 사정을 별로 반영하지 못했다. CD 거래가 거의 없었기 때문이다. 금융위기 이후 정부는 은행들이 대출 부실로 어려움을 겪지 않도록 예금액 이상으로 대출을 할 수 없는 '예대율' 규제를 했다. 이에 따라 은행들은 대출을 추가로 하기 위해 그 이상으로 예금을 끌어 모아야 했다.

그런데 예대율 계산에는 CD가 포함되지 않았다. 이에 은행들은 예금 유치 경쟁만 벌였고 CD 발행은 외면했다. 이처럼 거래가 없으니 제대로 가격이 형성되지 못하고 CD금리는 기준금리 변화에만 영향을 받았다. 사실상 가상금리화된 것이다. 이에 전반적인 은행의 자금 조달 비용은 늘었지만 한은이 위기를 해결하기 위해 기준금리를 낮추는 상황만 반영되면서 CD금리는 내림세를 나타냈다. 평시에는 시장금리 상황을 잘 반영하던 CD금리가 위기 때는 기준금리 변화에만 영향을 받은 것이다.

이 같은 상황은 은행들에게 큰 고민거리였다. 조달 비용이 늘었으니 대출금리를 올려야 하는데 법률상 대출 기준금리로 CD금리를 계속 사용해야 했기 때문이다. 그러자 은행들은 어쩔 수 없이 CD금리에 덧붙여지는 가산금리를 크게 올려 대출금리를 높여야 했다. 이처럼 CD금리는 거래 부진으로 대표성을 잃으면서 금리 산정에 많은 왜곡을 낳고 말았다.

은행들이 '코픽스' 도입을
꺼린 까닭
– 가중평균금리, 예금 대출금리 조정 원리

 CD금리가 은행들의 자본 조달 비용을 대표하지 못한다면 다른 지표가 필요하다. 이와 관련해서 은행들의 평균 자금 조달 비용을 알아볼 수 있는 지표가 있다. 한국은행이 발표하는 '예금은행 가중평균금리'가 그것이다. 이는 은행이 자본을 조달할 때 적용하는 금리를 가중평균한 것이다. 단기 예금, 장기 예금, 적금, 은행채 등 은행의 모든 자본 조달 수단에 적용되는 금리를 비중별로 평균했다는 의미이다.

가중평균의 의미

여기서 가중 평균이란 비중에 따라 높은 가중치를 적용하는 것을 의미한다. 예를 들어 100억 원을 조달한 은행이 99억 원은 1% 금리로, 1억 원은 10% 금리로 조달했다면 단순 산술평균에 의해 1%와 10%를 합한 11%를 2로 나눠 구한 5.5%를 평균 조달 비용으로 봐서는 안 된다. 100억 원 가운데 99억 원, 즉 전체 조달액 가운데 99%를 차지하는 금액에 적용되는 금리인 1%에는 더 높은 비중을 둬 평균값을 구해야 하는 것이다. 이를 가중평균이라 한다.

이 같은 가중평균금리의 2009년 상황을 보면 연 3.33%를 기록했다. 반면 당시 만기 91일이 남은 CD금리는 2.64%에 불과했다. 즉 은행이 자본을 조달하기 위해 연간 평균 3.33%의 이자를 줘야 하는데 CD금리는 이에 훨씬 못 미친 것이다. 이 같은 상황에 따라 은행들은 CD금리가 현실을 반영하지 못하니 불가피하게 가산금리를 높였다고 주장했다.

이 같은 상황은 많은 왜곡을 만들어냈다. 특히 일부 은행들은 가산금리를 지나치게 올려 대출금리를 큰 폭으로 높이기도 했다. 그러자 가산금리 체계가 고무줄이란 비난이 나오기 시작했다. 위기 이전에는 CD금리가 시장 상황을 그런 대로 잘 반영하면서 은행들은 가산금리를 잘 조정하지 않았다. 그런데 위기가 터지면서 한번 가산금리를 조정하기 시작하자 무분별하게 조정하면서 금리 체계의 투명성이 극도로 떨어지게 됐다.

이에 대해 은행들은 마진을 많이 받기 위해서가 아니라 CD금리에 반영이 되지 않은 원가 부담을 반영하기 위한 고육지책이라 주장했지만 전반적으로 시장이 왜곡된 것은 사실이었다. 또 시중 은행들이 CD금리가 내려가면 가산금리를 올리는 방식으로 대응하니 결과적으로 한은 금리결정의 영향력도 많이 떨어지고 말았다. 기준금리를 내리면 전체 대출금리 인하로 연결되면서 시장에 파급이 있어야 하는데 그렇지 못한 것이다.

정부의 묘안

그러자 정부가 아이디어를 짜냈다. 대출금리의 기준이 되는 금리를 CD금리에서 가중평균금리로 바꾼 것이다. 얼핏 보면 이는 은행 입장에서 이익이 되는 것으로 보였다. 당시는 CD금리보다 가중평균금리가 더 높았다. 이에 기왕 올린 가산금리를 그대로 유지하면 대출금리를 더 올릴 수 있는 근거가 될 수 있었다. 하지만 은행들은 이를 반기지 않았다. 실제로는 은행을 2가지 방면으로 압박하기 위한 카드였기 때문이다.

첫째는 투명한 가산금리이다. 가산금리는 은행들이 자체적으로 결정할 수 있으며 공식적인 기준이 없다. 이에 은행들은 CD금리가 실질 자본조달 비용을 반영하지 못한다는 핑계로 가산금리를 마음대로 조정한다. 그런데 대출 기준금리를 CD금리에서 가중평균금리로 바꾸면 기준금리가 실질 자본조달 비용을 반영하게 되어 가산금리를 마음대로 조절할 명분을 잃게 된다. 예전처럼 가산금리를 쉽게 조절하는 일이 어려워지는 것이다.

둘째는 금리 인하 효과이다. 2009년에는 예금은행 가중평균금리가 CD금리보다 높았지만 평시에는 CD금리가 더 높다. 실제로 2006년 가중평균금리와 CD금리는 각각 3.56%와 4.6%로 CD금리가 더 높았고 2007년에는 같은 순서대로 4.20%와 5.73%로 CD금리가 더 높았다. 이는 은행 예금 가운데 연 이자가 0%대에 불과한 요구불예금이 큰 비중을 차지하기 때문이다.

요구불예금은 특정한 만기와 해지 절차 없이 언제든지

현금을 찾아 쓸 수 있는 통장을 의미한다. 우리가 월급을 받고 신용카드 대금 이체를 걸어두는 통장이 대표적이다. 이 같은 편리성에 따라 요구불예금에는 이자가 거의 붙지 않는다. 시중 은행들의 예금 가운데는 요구불예금이 상당 비중을 차지한다. 이에 따라 평시에는 가중평균금리가 CD금리보다 낮은 경우가 대부분이다.

이 같은 추이는 글로벌 금융위기를 계기로 역전됐다. 자금난에 처한 은행들이 자금 유치 경쟁을 벌였고, 이에 따라 전체적으로 자금 조달 금리가 높아졌기 때문이다. 월급 통장에 연 4%대 금리를 주는 경우가 대표적이다. 그러면서 예금은행 가중평균금리가 올라갔고 결국 한은 기준금리 인하에 따라 내려간 CD금리보다 높아졌다.

하지만 이 같은 추이는 오래갈 수 없다. 경제위기가 진정되면 은행들은 자금난에서 벗어나 자금 유치경쟁을 덜하게 되고 이 과정에서 예금은행 가중평균금리는 내려가게 마련이다. 반면 경기 회복에 따른 물가 상승을 제어하기 위해 한은이 기준금리를 올리면 이에 맞춰 CD금리는 올라가게 된다. 결국 CD금리가 예금은행 가중평균금리를 다시 넘어서게 되는 것이다.

이 같은 상황에서 은행들이 대출 기준금리로 예금은

행 가중평균금리를 적용하면 금리 인하 효과가 발생한다. 특히 첫째 효과에 따라 가산금리 체계까지 투명해지면 은행들은 가산금리를 높여 금리 인하 효과를 벌충하는 노력도 하기 어려워진다.

따라서 대출 기준금리를 CD금리에서 예금은행 가중평균금리로 바꾸는 것은 은행 입장에서 불리한 일이 된다. 당장은 가중평균금리가 높더라도 CD금리가 언제든지 더 높아질 수 있기 때문이다. 이에 은행들은 정부가 이 같은 제안을 하자 당시 예금은행 가중평균금리가 CD금리보다 높았음에도 미온적인 반응을 보였다.

요구불예금 빠진 코픽스 산정

결국 제도는 현실에서 다소 왜곡되어 적용됐다. 은행들이 전체 가중평균금리를 적용한 것이 아니라 0%대에 불과한 요구불예금 금리를 제외한 나머지 예·적금, 은행채, 전환사채 등의 발행금리 등만 평균한 결과를 기본금리로 설정한 것이다. 이를 별도로 '코픽스(Cost of Funds Index; COFIX)'라고 지칭하며 은행연합회가 한 달에 한 번씩 결과를 산정해 발표한다. 이는 요구불예금이 빠짐으로써 당연히 전체 가중평균금리보다 높을 수밖에 없다. 이에 금리 인하 효과는 미미했고 정부 압박에 대한 시늉 내기에 그치고 말았다.

현재는 CD금리를 기준으로 하는 대출과 가중평균금리를 기준으로 하는 대출 등 2가지 방식이 모두 적용되고 있으며 조건에 따라 대출자들이 선택할 수 있다. 시장 상황에 따라 CD 기준 대출금리가 더 낮을 수 있어 정부는 은행들이 2가지 모두를 운영하도록 하고 있다.

코픽스 대출은 2가지 종류가 있다. 은행이 신규로 자금을 조달할 때 지급한 금리를 가중평균한 신규 코픽스와, 은행이 현재 조달해놓고 있는 모든 자금에 적용되고 있는 금리를 가중평균한 잔액 코픽스가 그것이다. 일반적으로 시장금리가 내려가는 상황이라면 신규 코픽스가 유리하다. 은행이 새로 조달하는 금리가 내려가니 이를 평균한 것이 유리하기 때문이다. 반대로 시장금리가 올라가는 상황이라면 은행이 새로 조달하는 금리가 올라가더라도 이 영향을 내부로 어느 정도 흡수할 수 있는 잔액 코픽스가 유리하다.

또 기준금리가 계속 오르면 결국 CD금리가 코픽스를 넘어설 가능성이 높으니 금리 인상기에는 CD보다 코픽스 연동 대출이 훨씬 유리하다. 반면 기준금리가 내려갈 때는 CD금리가 코픽스를 밑돌 가능성이 있고 이에 따라 CD 연동 대출이 유리할 수 있다.

이 같은 사례는 정부가 시중 은행의 금리를 통제하는 것이 얼마나 어려운지를 방증한다. 정부는 위기가 찾아오자 시장금리를 떨어트리려 했지만 아무리 정책금리를 내리고 다른 수단을 동원해도 별 효과를 보지 못했다. 위기 때는 상황이 어려워져 서로 자금을 빌리려고만 할 뿐 빌려주려 하지 않기 때문이다. 공급이 줄어드는데 수요가 증가한다면 결과는 하나뿐이다. 가격이 올라가는 것이다. 이는 일반적인 경기 침체 때와는 다르다. 경기가 침체되면 소비와 투자를 줄이면서 돈을 빌리려는 수요가

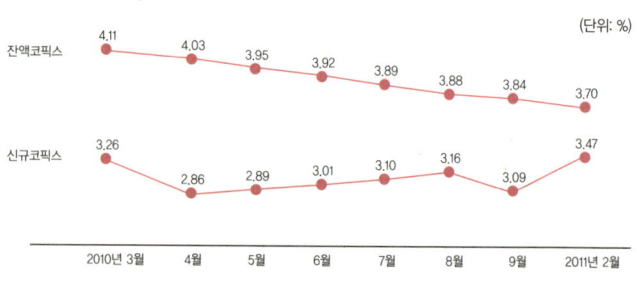

[그림 2-2] 코픽스 기준금리 추이
*주: 해당 기준금리에 은행별 가산금리가 부과되어 최종 대출금리 결정
*자료: 은행연합회

줄어 금리가 하락한다. 하지만 침체가 극심해져 위기가 찾아오면 서로 돈을 확보만 하고 시장에 내놓지 않아 돈의 가격인 이자율이 오르게 된다.

이 같은 상황에서 정책금리 인하는 단기적으로 힘을 발휘하기 어렵다. 대신 오랫동안 인하 기조를 유지하면 결국에는 시장금리에 영향을 미칠 수 있다. 결국 꾸준하고 일관성 있는 개입만 힘을 발휘할 수 있다.

예금 대출금리 결정에 불만이 나오는 이유

이와 관련하여 살펴봐야 할 것이 하나 있다. 기준금리가 올라가면 대출금리는 오르는데 예금금리는 잘 오르지 않고, 기준금리가 내려가면 대출금리가 예금금리보다 작게 내려간다는 것이다. 이는 소비자 입장에서 큰 불만거리이다. 왜 그럴까?

한국은행에 따르면 국내 은행들은 대출의 75.8%를 3개월 이내 단위로 금리를 조정할 수 있도록 운용하고 있다. 한은이 기준금리를 인상하면 전체 은행 대출의 75.8%가 3개월 이내 금리가 상승하는 것이다. 반면 금리가 1년 이상 유지되는 대출 비중은 5.0%에 불과하다.

예금은 상황이 다르다. 3개월 이내 금리를 조정할 수 있도록 한 예금 비중은 전체 예금의 44.8%에 불과하다. 대출은 75.8%를 차지하는 비중이 3개월 이내마다 금리가 조절되는데 예금은 같은 기간에 44.8%만 금리가 조절되는 것이다.

이에 시장금리가 상승하면 대부분의 대출은 금리가 바로 오르지만 예금금리는 상당 비중이 나중에 오르게 된다. 이는 곧 은행이 대출자에게 보다 많은 이자를 받아내는 반면 예금이자는 덜 지불하고 있다는 것을 뜻한다. 금리 상승기에 은행과 고객이 함께 짊어져야 할 위험이 모두 고객에게 전가되고 있는 것이다.

이에 따라 시장금리가 3%포인트 움직일 경우 국내 은행들의 자산 변동량은 5조 원으로 자기자본의 7.3%에 불과하다. 금리가 큰 폭으로 움직여도 자기자본과 비교한 자산가치 변화분은 소폭에 그치는 것이다. 고객에게 위험을 떠넘긴 결과이다.

반면 미국의 대형은행들은 3개월 이내 금리를 조절할 수 있게 한 대출자산 비중은 41.6%이고, 1년 이상 금리를 조절할 수 없게 만든 대출 자산 비중은 46.6%이다. 예금은 전체 예금의 46.3%에 대해 3개월 이내 금리를 조절해주고 있다. 대출과 예금의 금리 조정 비중이 비슷한 것이다.

이에 따라 미국의 대형 은행들은 시장금리가 3%포인트 움직일 경우 자산가치 변화분이 자기자본의 9.5%로 큰 편이다. 은행 자산 변화폭이 큰 만큼 고객과 은행이 위험을 공동 부담하고 있다는 뜻이 된다.

결국 한국의 은행들은 금리 인상 시기에 예금보다 훨씬 많은 양의 대출에 대해 금리를 인상해 위험 부담을 별로 지지 않지만, 미국의 은행들은 예금과 대출금리 조절을 같은 폭으로 진행해 고통을 분담하고 있는 셈이다.

그렇다고 해서 국내 은행들이 더 안정적인 경영을 하고 있다고 보기 어렵다. 금리 인하기에는 문제가 생길 수 있기 때문이다. 대부분의 대출금리는 낮춰야 하는 반면 예금금리는 상당 기간 그대로 줘야 하는 식이다. 그런데 이때도 위험을 고객에게 떠넘길 때가 많다. 대출금리를 소폭만 인하하면서 위험을 회피하는 것이다. 그리고 예금금리를 조절할 시점이 오면 이보다 큰 폭으로 내리게 된다. 결국 금리 인하기에 예금금리 인하폭보다 대출금리 인하폭이 작게 된다.

하지만 금리 리스크를 지속적으로 대출자에게 떠넘기

는 데는 한계가 있다. 결국 적절한 리스크 해소 방안이 없는 상태에서 금리 변동이 지속되면 은행 경영 건전성이 악화될 위험이 있다.

한편 신규 예금과 대출도 비슷한 경향을 띤다. 기준금리가 오르면 이에 맞춰 대출금리는 바로 오른다. 하지만 예금금리 인상에는 소극적일 때가 많다. 2010년 7월 한국은행이 기준금리를 인상했을 때도 모든 시중 은행이 기준금리 인상에 따른 CD나 코픽스 금리 인상폭에 맞춰 금리를 올렸다. 하지만 몇몇 시중 은행들은 기준금리 인상 후 한 달이 넘도록 예금금리를 인상하지 않았다. 예금금리를 올린 은행들도 폭은 대출금리 인상폭에 미치지 못했다.

이처럼 예금금리 인상 시기는 늦고 폭은 작다 보니 기준금리 인상 후 예금을 할 때는 시장 추이를 좀 더 지켜보는 것이 좋다. 또 기준금리는 한번 인상하면 일정 기간 여러 차례 올리는 경우가 많으니 일단 수개월짜리 단기 예금으로 운영하다 기준금리 인상이 중단되면 장기 예금에 가입하는 것이 좋다.

대부업체가 30일 이자면제를 해주는 이유
- 금리 규제와 신용할당

    2010년 금융계 최대 화두 중 하나는 대출금리 인하였다. 4월 금융당국이 대부업체 등에 적용되는 금리 상한선을 연 49%에서 44%로 내린 이후(상황에 따라 39%로 재인하), 카드사의 현금서비스 금리를 문제 삼으면서 금리 외에 별도로 부가되던 취급수수료를 폐지하게 했다. 그리고 이어, 정부가 나서서 7월 캐피탈 업계의 고금리 문제까지 지적했다. 이 밖에 신용보증기금 등을 통한 정부 보증이 들어간 금융권 대출에 대해 금리 인하 압력이 취해지기도 했다.

    이 같은 압박에 따라 금융권은 울며 겨자 먹기로 금리 인하에 나섰다. 러시앤캐시 등 대형 대부업체들은 자진해서 자체 최고금리를 법정 상한선보다 낮은 38%로 낮췄고 캐피탈 업체들은 최고 금리를 20%대로 낮췄다. 일부 카드사들은 현금서비스 취급수수료 폐지 외에 금리를 다소 인하하기도 했다.

그런데 이 같은 대출들에는 하나의 공통점이 있다. 모두 은행에서 대출 받기 어려운 서민들이 돈을 빌리는 통로라는 것이다. 따라서 이 정책으로 정부는 서민 부담이 완화될 것으로 자평했다. 그런데 정책에는 비판이 많았다. 왜 그랬을까?

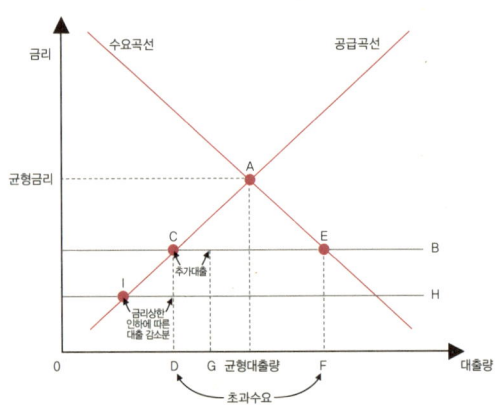

[그림 2-3] **서민금융시장과 이자율 상한**

신용할당과 이자 법정 상한선

[그림 2-3]을 보면 일반적인 시장은 수요와 공급이 만나는 A지점에서 공급량과 가격이 결정된다. 하지만 서민금융시장은 이야기가 다르다. 정부가 이자율 상한을 지정하면서 B와 같은 제한선이 있기 때문이다. 이에 서민금융업체 입장에서 B선이 수요곡선 역할을 한다. 결국 이 선과 공급곡선이 만나는 C지점이 서민금융시장의 균형점으로 도출된다. 공급량은 D로 결정된다.

그런데 B선은 공급곡선과만 만나지 않는다. E지점에서 수요곡선과도 만난다. 수요자들은 B선을 공급곡선으로 생각하고 F만큼의 대출을 수요하게 된다. 하지만 공급자는 D까지만 공급을 하고 결국 F-D만큼의 초과 수요가 발생한다.

이처럼 금융사들이 특정 금리 수준에서 수요량 전체를 공급하지 않고 공급선상 지점까지만 대출을 공급하는 과정에서 자금 초과 수요가 발생하는 현상을 금리 규제에 따른 신용할당이라 한다. 서민금융업체들은 F의 수요가 있지만 D만큼의 대출을 공급하는 과정에서 신용 심사를 한다. 이 심사 기준을 통과해야 대출을 받을 수 있다. 대출을 받더라도 원하는 만큼 받을 수 없고 각기 정한 수준의 대출만 받을 수 있다.

실제 대부업계에 따르면 등록 대부업체의 평균 대출 승인율은 20% 전후에 불과하다. 5명이 대출을 신청하면 1명만 대출을 받는 것이다. 또 현재의 승인율 20%는 2007년 최고 금리가 연 66%에서 49%로 내려가면서 이전 38%에서 내려온 수치이다. 금리 상한선이 앞으로 39%까지 더 떨어지면 승인율은 더욱 떨어질 전망이다. 실제 금리 상한선 인하 이후 2010년 9월 현재 대부업체들의 대출 승인율은 17% 선까지 떨어진 상태이다.

서민금융업체들이 이 같은 선택을 하는 것은 당연히 이익을 극대화하기 위해서이다. 서민금융업체들의 공급곡선은 자금 조달 비용 및 대출을 떼일 확률을 감안해 형성된다. 이 선을 벗어나 G지점처럼 대출이 늘면 최초 예상했던 것보다 떼이는 돈이 늘고 이에 따라 이익은 줄어든다. 이에 금융사의 자금 공급은 절대 공급선을 벗어나지 않는다.

이 같은 상황에서 정부가 H처럼 상한 금리를 인하했다고 하자. 즉 이 이상으로 금리를 받을 수 없게 한 것이다. H선과 공급곡선이 만나는 지점은 I점으로 그림에서처럼 대출량이 보다 줄어든 것을 알 수 있다. 금리를 낮추면 그만큼 이익이 줄고 이에 따라 떼이는 돈을 벌충할 능력도 작아진다. 이에 업체들은 대출 공급량을 줄임으로써 떼일 위험도 함께 줄이게 된다. 즉 금리가 올라가면 이익이 늘어 떼이는 돈을 벌충할 수 있는 능력도 올라가면서 대출을 늘릴 수 있지만 반대로 금리가 내려가면 이익이 감소하면서 공급량도 줄게 된다.

이처럼 공급량이 더 줄면 결국 고통 받는 것은 서민이다. 필요한 만큼 대출을 받을 수 없거나 아예 대출을 받지 못하면서 이자가 연 수백%, 심지어는 수천%에 이르는 불법 사금융시장을 찾아야 하기 때문이다. 서민금융업체들로부터 잇따른 금리 인하 소식이 나오자 서울 명동 등지에 분포하는 사채업자들이 쌍수를 들고 반겼던 것은 여기서 기인한다.

신용할당은 서민금융시장뿐 아니라 일반 은행권에서도 이뤄진다. 은행들이 자체적으로 결정하는 금리 수준에서 수요량만큼 대출을 공급하지 않고 이보다 적은 수준의 대출을 해준다.

이는 경기가 침체될수록 심화된다. 보다 많은 사람들이 부실 위험에 노출되기 때문이다. 이에 한국은행 기준금리 인하에 따라 이자율이 다소 내려가더라도 할당 범위가 줄어 그 수혜는 소수의 사람만 볼 수 있게 된다. 반면 대다수 사람들에게 낮은 이자율은 그림의 떡일 뿐이고, 별도의 가산금리를 적용받아 고시금리 이상의 높은 금리를 줄 때만 겨우 조금 대출을 받을 수 있다. 은행들은 불가피하게 신용도가 낮은 사람에게 대출해야 할 경우 별도로 책정하는 높은 금리를 받는다. 그래야 일부 대출이 부실화되더라도 이익을 볼 수 있다. 은행이 광고하는 '최저금리'를 받는 사람은 실제로는 거의 없고 웬만한 사람은 높은 금리에 대출을 받는 것은 이 때문이다.

 물론 이 같은 상황에 변수는 있다. 금융시장으로 뛰어드는 공급자들이 늘면서 시장 공급 자체가 증가할 때이다. 그러면 필요 수준으로 대출을 받을 수 있다. 하지만 이 정도로 시장이 커지는 데는 한계가 있다. 대부업체 대출 승인율 20%가 이를 상징한다.

 그러면 대부업체들의 광고에 대해 의문이 들 수 있다. 수요가 넘치는데 구태여 돈을 들여 광고할 필요가 있느냐 하는 것이다. 실제 대부업체들은 저마다 "법정 이자율보다 낮은 수준의 이자율로 대출을 해준다" "30일 이자 면제를 해준다"는 등 광고를 하며 사람들을 유혹하고 있다. 하지만 이는 시장에 자신들의 존재를 알리기 위한 측면이 크며, 실제로는 보다 신용도가 우수한 사람들을 고객으로 유치하려는 경쟁이기도 하다. 광고를 지속적으로 노출하면서 약간의 혜택을 제공하면 평소 대출에 관심이 없던 신용이 높은 사람들을 새로 고객으로 끌어들일 수 있다. 이렇게 하면 떼일 위험이 줄면서 이익은 늘 수 있다. 하지만 이는 서민금융시장의 이용자 계층을 보다 신용도가 높은 사람으로 대체하는 효과를 내고, 신용이 낮은 사람들을 밀어내는 결과를 가져온다. 결국 신용할당의 기본 체계에는 변함이 없다.

효과 미약했던 정부의 금리 인하 압박

이 같은 점을 근거로 정부의 금리 인하 압박 대책은 부작용이 크다는 비판이 많았다. 이에 대해 정부는 금융위기 이후 한국은행이 결정하는 기준금리가 5%에서 2%로 내려갔으니 제2금융권 금리도 내려야 한다고 주장했다. 하지만 서민금융시장의 금리는 기준금리 움직임과 상관없이 관련 시장의 수급 상황에만 영향을 받는다는 점에서 논리가 빈약했다.

이에 대해 정부는 보완대책을 만들었다. 정부가 업계에

강요해 공동으로 2조 원의 보증 재원을 만든 뒤 이를 바탕으로 총 10조 원 규모의 대출 상품을 내놓은 것이다. 이 대출을 받은 사람이 갚지 않으면 2조 원의 보증 재원에서 손실이 보전되는 시스템이다. 그러면서 정부는 10%대 초반으로 금리를 설정했다. 실무는 저축은행 등 서민금융기관들이 맡도록 했다. 이 대출은 대부업체를 이용하던 저신용자를 대상으로 했다. 정부는 또한 은행 등 대형 금융사와 기업을 압박해 재원을 출연하게 한 뒤 이를 근거로 저금리 대출을 실시하는 사업을 하기도 했다.

정부는 이를 통해 서민금융업체들의 금리를 추가로 인하하는 효과를 내려고 했다. 30%를 상회하는 저신용자 대출시장금리보다 매우 낮은 수준의 대출 상품을 내놓아 여기로 수요가 몰리면 기존 시장의 대출 수요가 줄면서 업체들이 자진해서 금리를 인하할 것이라고 기대한 것이다.

하지만 이 정책에도 함정은 많았다. 우선 법정금리 인하로 기존 대부시장에서 승인을 받지 못해 이탈된 대출 수요를 모두 흡수하기에는 공급이 크게 부족했다. 또 대출을 떼일 경우 보증 재원에서 100% 보전되지 않고 일부는 대출을 해준 서민금융사가 부담을 지도록 하면서 실무를 맡은 저축은행 등이 대출에 소극적이기도 했다.

이에 정부가 생각하는 만큼 충분한 대출이 이뤄지지 못했다. 정부는 100% 손실 보전을 해줄 경우 이를 믿은 채 아예 신용심사를 하지 않고 무분별하게 대출에 나설 것을 우려해 취급 기관도 일부 부담을 지도록 했다. 하지만 이 장치가 대출을 소극적으로 하게 만든 원인이 됐다. 따라서 법정금리 인하에 따라 불법 사금융에 노출되는 사람을 제대로 구제하지 못했다.

또 이 같은 대출은 이용자들 사이에 정부 지원이 들어가 있으니 갚지 않아도 된다는 '도덕적 해이'를 유발하면서 결과적으로 정부 재원과 대출 취급업체들의 건전성에 위험 요인이 되기도 했다. 이 밖에 가계대출 규모를 키워 경제 전체 건전성에도 해를 줄 것이란 우려가 있었다.

이 기간 한국은행 기준금리가 인상되면서 중산층이 이용하는 은행권 대출금리는 반대로 올라갔는데, 이에 따른 중산층의 상대적 박탈감을 지적하는 목소리도 있었다. 몇몇 은행은 기준금리 인상에도 불구하고 일부 대출에 대해 금리를 인하하기도 했다. 하지만 이는 금리 부담을 우려해 우선 대출을 상환하려는 중산층의 움직임에 대응해 단기 대출, 자영업자 대출 등 새로운 시장을 공략하기 위한 차원에 그쳤으며 중산층 부담 완화와는 큰 관련이 없었다. 또 개인파산자의 대출 원금 일부 탕감 혹은 이자 감면이나 서민·중소기업 대출금리 인하를 하기도 했지만 이 역시 사회 환원 시늉 내기에 불과했다.

정부가 기대했던 업체들의 자진 금리 인하는 일부 현실화됐다. 대형 대부업체와 저축은행들이 대출금리를 인하한 것이다. 하지만 이는 대출 공급과 함께 시행된 정부의 금리 인하 압박이 보다 크게 작용한 결과였다. 또 일부 대부업체들은 나쁜 이미지를 벗으면서 제도권으로 편입하려는 의도도 있었다.

이 밖에 최고 금리는 인하하면서 실제 적용되는 금리는 올려 전체적인 평균 금리를 올리는 경우도 있었다. 원래 상한 금리 이하인 25% 금리를 적용받던 계층의 사람에게 27%의 금리를 물리는 식이다.

고금리 대출은 서민을 괴롭히는 가장 큰 요소 중 하나이다. 이에 정부의 금리 인하 노력을 비판할 수는 없다. 하지만 당시 대책에는 떨어진 정권의 인기를 회복시키려는 의도가 들어 있었고 보다 심도 있는 고민 끝에 정책이 나오지 못했다는 점에서 문제가 많았다. 부작용을 최소화하면서 서민의 대출 부담을 확실히 떨어트릴 수 있는 정책이 출현하길 기대해본다.

| 참고자료 | 중동 사람에게 돈 빌리면 이자 안 줘도 된다?
– 이슬람채권

돈이 오가면 이자를 주고받는 것은 상식이다. 그런데 이자 없는 금융 거래도 있다. 이슬람금융이 그것이다. 이슬람 세계의 경전인 《코란》은 돈이 오가는 과정에서 이자(리바)를 주고받는 것을 금지하고 있다. 이에 따라 이슬람 금융은 화폐 자체를 증식해 수익을 내는 행위를 할 수 없다. 그런데 이슬람 세계에서도 금융 거래가 이뤄진다. 특정 상품을 기반으로 하면 금융 거래에 제약이 없기 때문이다. 이는 율법을 교묘하게 피해가는 장치이기도 하다.

예를 들어 사우디아라비아 소재 유통업체가 돈이 필요해졌다고 하자. 그럼 이 업체는 근처 은행을 찾고 은행은 신용도를 심사해 부동산이나 생산설비 등 담보를 잡고 돈을 내준다. 그런데 이때 대출이 아닌 '투자'라는 명칭을 쓴다. 담보로 잡은 물건에 은행이 투자하는 형식을 취하는 것이다. 은행이 서류상으로 해당 담보를 구입하는 것으로도 해석할 수 있다.

그러면서 이 은행은 당연히 이자를 받는데 이때는 '투자수익'이라는 표현을 한다. 즉 은행은 실질적으로 업체에 담보를 잡고 대출을 해준 뒤 이자를 받는 것이지만, 형식상 담보에 투자해 담보 운용 과정의 수익을 받는 것이 된다. 《코란》은 화폐 자체의 증식만 막을 뿐 외형이 있는 실물 거래는 규제하지 않기에 이 같은 형식을 빌리면 《코란》을 위반하지 않는 것이 된다. 원금을 상환받을 때는 해당 담보를 기업이 은행으로부터 다시 구입함으로써 금액을 돌려주는 형태를 취한다.

새로 어떤 설비를 구입하기 위해 대출할 때는 은행이 설비를 구입해 기업에 대여하는 형태를 띤다. 이자는 기계 사용료 명목으로 받고 원금 상환은 기업이 은행으로부터 기계를 구입하는 형태를 취한다.

다른 방법으로 자금을 빌려줄 때 경과한 시간에 따라 이자를 받지 않고, 수수료를 부과하는 방식으로 율법을 회피하기도 한다. 계약기간이 3개월이건 1년이건 상관없이 일정한 금액의 수수료를 부과함으로써 교리에 부합하는 금융 행위로 보는 것이다.

이 같은 형식을 취하면서 이슬람 세계에서도 거의 모든 금융 거래가 이뤄진다. 실물 담보를 붙여 회사채 거래를 하는 것이 대표적이다. 이슬람 채권인 '수쿠크(Sukuk)'도 마찬가지이다. 채권을 구매하면 채권의 담보가 된 설비나 부동산을 형식상 구입하는 것이 된다. 이후 기업이 담보를 운영하는 과정에서 발생하는 수익의 명목으로 이자를 받고 채권 원금을 상환받을 때는 기업이 담보를 다시 사가는 형태를 취한다.

유가 상승 기조에 따라 오일머니가 넘쳐나는 중동 국가들이 발행하는 수쿠크 채권은 수익률이 매우 좋은 편이다. 이에 국제금융시장에서 큰 인기를 끌고 있다. 더불어 중동에 진출하는 한국 금융사가 늘면서 현지 영업도 크게 주목을 받고 있다.

그런데 중동에서 활발하게 활동하는 과정에서 의외로 국내 금융감독 체계를 위반할 가능성이 있다고 한다. 금융당국은 금융사가 무리한 영업으로 위험해지는 것을 막기 위해 해외 지점의 영업도 규제하고 있다. 그러면서 원유, 금, 원자재 등 실물에 투자했다가 가격이 하락해 큰 손실을 볼 수 있는 위험을 예방하기 위해 과도한 상품 투자를 제한하고 있다.

그런데 이슬람 금융 상품은 형식상 실물에 투자하는 형태를 띠면서 이 같은 규제에 걸리고 있다. 이에 현지 영업에 많은 제약을 받고 있다. 이 같은 규제는 국내에 진출하는 중동 금융사들도 마찬가지이다. 이들이 국내에 지점을 만들고 영업하면 국내 금융사와 마찬가지로 상품 투자에 제한을 받는다. 따라서 해외에서도 자신의 율법을 지켜야 하는 중동 금융사들의 국내 진출에 제약이 많은 것이다.

이에 대해 금융당국은 상품 투자 제약을 완화하는 방안을 추진하고 있다. 이슬람 금융에 한해 상품 투자 규제를 완화 혹은 폐지해주는 식이다. 이른바 '이슬람채권'의 도입이다. 이를 위해 정부는 이슬람 금융 관련 규제와 감독 선진화를 목적으로 설립돼 34개국 178개 기관이 회원으로 가입된 이슬람국제감독기구(Islamic Financial Services Board; IFSB)와 협조 체계를 모색 중이다.

해외에서는 이미 이 같은 바람이 오래 전에 불었다. 영국, 싱가포르, 일본, 중국 등 비이슬람 국가들이 이슬람 금융을 도입했거나 도입을 추진 중이다. 국내는 아직까지 갈 길이 멀다. 상품 투자 규제를 완화하는 과정에서 각종 부작용이 발생할 수 있다는 지적이 나오고 있기 때문이다. 또 기독교 측이 종교적 이유로 크게 반발하고 있는 것도 변수이다. 이에 몇 차례나 도입하려다 무산된 바 있다. 앞으로 이슬람 채권을 어떻게 활용할지 많은 토론이 필요할 것으로 보인다.

step 3

금융상품의 기본, 채권

채권은 한마디로 돈을 빌려줬다는 증서
– 채권의 개념과 종류

　금융은 발전을 거듭해오는 동안 각종 상품을 고안해냈다. 이 같은 개발은 지금도 진행되고 있으며 '금융공학'이란 이름의 전문 학문까지 등장했다. 어떤 금융상품이건 제대로 이해하기 위해서는 가장 기본이 되는 금융상품부터 파악을 해둬야 한다. 이번 장에서는 대표적인 기초 금융상품인 '채권'에 대해 소개한다.

　채권은 전 세계에서 가장 많이 거래되는 금융상품이다. 현재 거래 규모는 80조 달러(약 9경 1,800조 원)에 달한다. 이러한 채권만 제대로 이해하면 시중에 나와 있는 대부분의 금융상품을 이해할 수 있으니 명확한 개념 습득이 필요하다.

채권의 발행주체별 종류

채권은 한마디로 돈을 빌려줬다는 증서이다. 이에 채권에는 빌려준 금액(권면액)과 함께 이자율이 기재되어 있다. 금융사와 기업이 자금을 조달하기 위해 발행하며, 이를 구입하면 해당 금액을 발행자에게 빌려준 것과 같은 효과를 낸다. 그리고 만기에 이를 발행자에게 제출하면 원금과 함께 이자를 돌려받는다.

시중에 나와 있는 대부분의 금융상품은 채권의 일종이라 할 수 있다. 우리가 몇 개씩 보유하고 있는 예금통장을 보면 예금액과 이자율이 기재되어 있다. 이를 만기에 은행에 가져다주면 원금과 이자를 상환받을 수 있다. 즉 예금통장은 은행에 돈을 빌려줬다는 증서이며, 이런 의미에서 채권의 일종이다.

주식도 채권의 성질을 갖고 있다. 주식은 우리가 어떤 기업에 돈을 투자했다는 증서이다. 채권과 다른 점이라면 만기가 없어 기업이 원금을 돌려주지 않으며 정해진 이자율도 없다. 원금을 받기 위해서는 주식시장에서 팔아야 하며, 정한 이자를 받지 않는 대신 이익의 일부를 배당금으로 받는다. 이 같은 차이점만 제외하면 주식도 채권의 일종으로 볼 수 있다.

채권에는 여러 형태가 있다. 우선 투자자 모집 방식에 따라 공모채와 사모채로 나뉜다. 공모채는 정식 공고를 통해 시장에서 공개로 모집하는 채권이다. 그래서 자금만 있으면 누구나 참여할 수 있다. 사모채는 일부 투자자에게 개별 접촉을 해서 발행하는 채권이다. 따라서 연락을 받은 소수의 투자자만 채권을 살 수 있다. 사모채는 발행 주체가 자금 동원 사실을 알리고 싶지 않거나 개별 협상을 통해 좀 더 유리한 금리로 채권을 발행하고자 할 때 활용된다.

 발행 주체에 따라서는 국고채, 회사채, 금융채로 나뉜다. 말 그대로 국고채는 국가가, 회사채는 기업이, 금융채는 금융사가 발행하는 채권이다. 국고채는 줄여서 국채라 부르는데, 국가가 세금 수입으로 재정지출을 감당할 수 없을 때 발행되며, 발행 물량만큼 재정적자로 쌓인다. 공공기관이나 지방자치단체도 비슷한 성격의 채권을 발행한다. 공적 기능이 있는 기관이 발행한 채권을 아울러 국공채라 부른다.

 각 채권에는 신용평가회사들이 부여하는 신용등급이 매겨진다. 신용평가회사들은 발행 주체의 신용도를 심사해 채권에 신용등급을 부여한다. 따라서 채권의 신용등

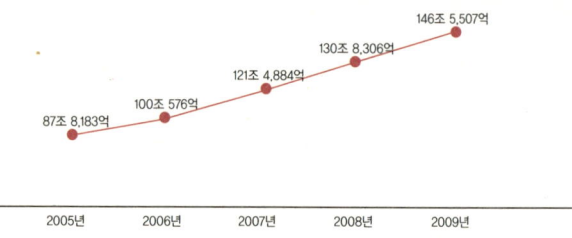

[그림 3-1] **급증하는 국채 발행 잔액**
*자료: 한국은행

급은 채권 발행 주체의 신용도와 같은 것으로 해석된다. 가장 신용도가 높은 채권에는 AAA등급이, 가장 낮은 채권에는 D등급이 부여된다. 등급이 낮을수록 돈을 떼일 확률이 커지지만 이자율은 높아진다. 위험도가 높은 만큼 수익률도 높은 것이다. C 이하 등급의 채권은 보통 '투기 등급' 채권으로 본다. 보통 국고채나 대기업 혹은 은행이 발행한 채권에 가장 높은 신용등급이 부여된다.

채권과 주식이 만날 때

여러 채권 중 회사채에 대해서는 좀 더 알아볼 필요가 있다. 회사채는 자주 주식과 연동된다. CB(전환사채), BW(신주인수권부사채), EB(교환사채)가 대표적이다. 우선

CB는 약속한 기한이 도래하면 주식으로 바꿀 수 있는 회사채이다. 약속한 시점에서 CB 구매 때보다 주가가 올라 있는 상태라면 CB 구매자는 회사로부터 채권을 주식으로 교환받을 수 있다. 반대로 주가가 떨어진 상태라면 그대로 채권으로 보유하면 된다.

예를 들어 A사의 주식이 현재 주당 4만 원인데 6개월 후 4만 원(전환가격)에 1주를 받을 수 있는 조건의 CB를 400만 원어치 구입했다고 하자. 이후 6개월이 지난 시점에서 A사 주가가 10만 원으로 오른 상황이라면 구매자는 A사 측에 채권을 주식으로 바꿔달라고 요청할 수 있다. 그러면 회사는 CB 대금을 상환하지 않는 대신 신주를 발행하거나 자사주를 풀어 400만 원짜리 채권을 주식 100주(400만 원/4만 원)로 바꿔준다. 그러면 구매자는 100주를 시장에 내다팔아 1,000만 원(10만 원×100주)을 확보할 수 있다. 투자 원금과 비교하면 600만 원이 남아 150%의 고수익률을 기록하게 된다. 반면 주가가 전환 가격 이하로 떨어져 주식으로 바꾸는 것이 오히려 손해라면 채권 구매자는 계속 채권으로 보유하면 된다.

BW는 채권이 주식으로 바뀌지는 않지만 신주를 인수할 수 있는 권리가 부여된 채권이다. 이 역시 기간과 인수 가격이 구매 때부터 정해진다. 예를 들어 현재 주가가 주당 4만 원인데, 6개월 후 주당 4만 원에 주식을 살 수 있는 권리가 덧붙여진 BW를 매입했다고 하자. 6개월 후 주가가 주당 4만 원을 넘으면 주당 4만 원에 신주를 배정받은 뒤 시장에 내다 팔아 차익을 남길 수 있다. 주식을 계속 보유하는 것도 상관없다. 이 경우 채권 자체는 그대로 남으며 채권 만기에 채권 구입액을 돌려받는다.

EB는 전환사채처럼 주식으로 바뀌는 채권이다. 그런데 바뀌는 대상은 해당 기업이 아닌 그 기업이 보유한 다른 주식이다. 예를 들어 A사가 발행한 EB를 구입하면 A사가 아닌, A사가 보유하고 있는 B사의 주식으로 바뀌는 채권이다. 구입 때와 비교해 권리 행사 시점에서 B사의 주가가 오를 경우 전환하면 된다.

기업들이 CB, BW, EB를 발행하는 것은 조달금리를 낮추기 위해서이다. 이 채권들에는 일반 채권에 없는 기회가 부여되므로 낮은 금리가 지급된다. 연 5% 금리로 일반 회사채를 발행하는 회사가 연 2%로 CB를 발행하는 식이다. 물론 주가가 크게 오르면 기업은 보다 비싼 값에 발행할 수 있는 주식을 싼 값에 부여해야 해 실질적으로 손해를 본다. 하지만 앞으로 주가가 어떻게 될지 알 수 없는 상황에서 낮은 금리의 채권을 발행할 수 있다는 것은 무척 매력적이다.

CB 등은 기업의 편법 상속에 이용될 때도 있다. 전환 가격을 매우 낮게 해 CB를 발행하는 것이 대표적이다. 예를 들어 현재 주가가 주당 10만 원인데 6개월 후 1만 원에 1주를 받을 수 있는 조건으로 CB를 2,000만 원어치 발행해 이를 재벌 2세가 샀다고 하자. 이렇게 하면 주가가 현 수준만 유지해도 6개월 후 권리를 행사해 결과적으로 매우 적은 돈을 들이고도 2,000주의 주식을 취득할 수 있다. 시장에서 2,000주를 구매하기 위해서는 2억 원이 있어야 하는데 1/10 가격으로 주식을 취득한 것이다. 이러한 방식으로 CB를 대규모 발행하면 2세는 손쉽게 해당 기업의 지배지분을 확보할 수 있다. 반면 기업은 손실이다. 시가대로 주식을 발행하는 것보다 훨씬 적은 대금만 받아야 하기 때문이다.

이 같은 일을 막기 위해 금융당국은 CB 전환 가격이 발행 당시 주가와 현격하게 차이가 나지 않는지 감시한다. 하지만 주가를 제대로 파악하기 어려운 비상장 회사의 경우 전환 가격이 주가와 얼마나 차이가 나는지 제대로 판단하기 어려워 저가 발행이 자주 벌어지고 있다.

여러 유형으로 나뉘는 채권

만기에 따라서는 단기채, 중기채, 장기채로 나뉜다. 보통 만기 1년 미만의 채권은 단기채로, 1~5년의 채권은 중기채로, 5년 이상 채권은 장기채로 본다. 하지만 뚜렷한 구분은 없고 편의대로 쓰일 때가 더 많다. 기간에 따라 채권에는 '~물'이란 표현이 사용된다. 기업이 발행한 만기 3년짜리 채권을 '회사채 3년물'로 부르는 식이다.

채권시장에서는 만기 1년, 3년, 5년 채권을 중심 채권으로 본다. 예를 들어 삼성전자 회사채의 금리 동향을 파악하기 위해 삼성전자가 발행한 여러 채권 가운데 3년물의 금리를 살펴보는 식이다. 국고채에 한해서는 만기 14년짜리 장기 채권금리를 중요하게 보기도 한다. 채권 만기는 매우 다양하며 만기가 하루에 불과한 오버나이트(Over Night) 채권도 있다. 매우 짧은 기간 자금을 융통할 필요가 있는 금융사들이 주로 이용한다.

상환 순위에 따라서는 선순위채와 후순위채로 나뉜다. 기업이 파산하면 기업은 보유 자산을 팔아 채무자에게 상환을 해준다. 이때 선순위 채권을 산 사람들에게 먼저 상환을 해주며, 남는 것이 있으면 후순위채 투자자에 상환을 해준다. 하지만 보통 후순위채 투자자들이 상환받는 일은 거의 없다. 위험이 있는 만큼 후순위채에는 상대적으로 높은 금리가 붙는다. 상환 순위는 단순히 선순위, 후순위로만 구분하지 않고 여러 등급으로 세세하게 나눌 때도 있다. 선순위와 후순위 사이에 '메차닌(Mezzanine)'이라 부르는, 상환 순위가 중간 정도인 등급을 따로 설정하는 것이 대표적이다.

발행 지역에 따라서는 국내채권과 해외채권으로 나눌 수 있다. 국내채권은 말 그대로 국내 기업, 정부, 금융사가 국내에서 원화 자금을 조달하기 위해 발행하는 채권이고, 해외채권은 해외에서 외화 자금을 조달하기 위해 발행하는 채권이다.

국제 금융시장에서는 발행 지역에 따라 해당국의 특성을 살려 별칭으로 부르기도 한다. 한국, 미국, 일본, 호주, 영국, 중국에서 발행하는 채권은 순서대로 아리랑(김치), 양키, 사무라이, 캥거루, 불독, 팬더 본드로 불린다. 이때 해당 별칭은 해당국에 본사를 두지 않은 외국인이 발행할 때만 붙는다. 예를 들어 삼성전자가 미국에서 달러 표시 채권을 발행하면 양키 본드라 불리지만, 애플이 발행하면 해당 별칭으로 불리지 않는다. 반대로 애플이 한국에서 원화 표시 채권을 발행하면 아리랑 본드에 포함되지만, 삼성전자가 발행하면 아리랑 본드라 불리지 않는다.

이 밖에 담보가 설정됐는지 여부에 따라 담보채권과 신용채권으로 나뉜다. 담보채권은 발행자가 파산을 해 갚을 여력이 없을 경우 설정된 담보를 팔아 원리금을 상환하는 채권이다. 해당 담보는 채권 상환용으로만 쓰이며 기업이 파산하면 담보 소유권은 채권 구매자에게로 사실상 이관된다. 반면 신용채권은 담보 없이 오로지 채권 발행자의 신용으로 발행되는 채권이다. 주택담보대출과 신용대출의 차이로 이해하면 된다.

의외로 가까이 있는 채권 투자

채권에 투자하기 위해서는 증권사 등 금융사를 거쳐야 한다. 채권은 신용도 등 조건에 따라 발행 주체가 파산을 하지 않는다면 대체로 은행 예금보다 높은 수익을 얻을 수 있다. 따라서 최근에 채권에 투자하는 사람들이 늘고 있다.

발행 주체의 신용도를 제대로 평가하기 어려워 직접 투자하기 곤란하다면 자산운용사들이 판매하는 '채권형 펀드'에 투자하면 된다. 전문가들이 각종 채권에 투자해 수익을 돌려준다. 채권형 펀드가 낯선 것처럼 보일 수 있지만 주변에서 흔히 찾아볼 수 있다. MMF, MMDA, CMA가 대표적인 채권형 펀드이다. 모두 단기채권 등 만기가 짧은 금융상품에 투자해 수익을 돌려주는 상품들이다.

이들은 일반 채권 투자와 달리 투자 대상이 금리가 낮은 단기채권이라 은행 정기예금보다 수익률이 떨어지지만, 하루만 예치해도 이자를 받을 수 있고 언제든지 인출이 가능해 비상금을 관리하기에 용이하다. 만기까지 보유하지 않고 중간에 해약하면 금리에 큰 손해를 봐야 하는 정기예금의 단점과, 금리가 연 0.1~0.2% 선에 그치는 수시입출식 예금의 단점을 적절히 완화한 상품이라 생각하면 된다.

MMF는 자산운용사 등이 판매하지만 은행을 거쳐 가입할 수도 있다. 인터넷뱅킹을 주로 이용하는 사람이라면 거래 은행을 통해 가입한 뒤 해당 은행 인터넷 뱅킹을 통해 수시로 입출금을 할 수 있다. 다만 신용카드 대금 결제 등의 거래 계좌로 활용할 수 없고 오로지 자금관리용으로만 사용해야 하며 예금자보호가 되지 않는 단점이 있다.

MMDA는 MMF와 성격이 거의 유사하다. 다만 거래 경력 등 은행이 제시하는 조건을 충족하면서 예치 금액이 일정 수준을 넘어야 높은 금리를 받을 수 있다. 거래 계좌로 활용할 수 있고 예금자보호가 된다.

CMA는 증권사나 종합금융사를 통해 가입할 수 있다. MMF와 MMDA의 장점을 혼합했다고 보면 된다. 조건 없이 하루만 예치해도 상대적으로 높은 금리를 지급받고 거래계좌로도 활용할 수 있다. 종합금융사와 종합금융사를 인수해 해당 업무를 병행하는 증권사를 통해 가입하며 예금자보호도 된다. 하지만 증권사 지점이 많지 않아 가입 등이 다소 불편하다는 단점이 있다.

금리는 MMF, MMDA, CMA 모두 큰 차이가 나지 않는다. 다만 시장 상황에 따라 차이가 날 수 있고, 판매사에 따라 스스로 위험을 떠안고 변동이 아닌 고정으로 높은 금리를 지급하는 경우가 있으니 가입 전에 잘 탐색해 봐야 한다.

당신도 채권을 가지고 있다!

채권은 우리와 먼 이야기인 것 같지만 경제활동 과정에서 흔히 접하게 된다. 주택 매입 과정에서 의무적으로 구입해야 하는 국민주택채권, 자동차 구입 과정에서 역시 의무적으로 사야 하는 도시철도채권과 지역개발채권이 대표적인 예이다. 그런데 이 채권의 존재에 대해 아는 사람은 별로 없다. 이는 주택이나 자동차 구입 과정에서 중개상을 통해 자동으로 '할인'하기 때문이다.

국민주택채권 등은 정부가 국책 사업을 위해 집이나 차를 사는 사람들에게 의무적으로 구입하게 하는 채권이다. 정부는 이를 팔아 얻은 재원으로 관련 사업을 벌인다. 세금 징수와 성격이 비슷해 이 채권들은 금리가 매우 낮다. 예금금리가 연 3%라면 이 채권들의 금리는 연 1%만 주는 식이다.

따라서 이를 계속 보유하는 것은 손해이다. 같은 돈으로 예금에 가입하면 보다 높은 수익을 낼 수 있는데 굳이 해당 채권을 들고 있을 필요가 없는 것이다. 또 집이나 차를 살 때는 목돈이 필요하다. 그런데 추가로 목돈을 들여 채권을 구입하는 것 자체가 부담이 된다. 이에 대개 이 채권을 사자마자 바로 시장에 팔게 된다. 이 과정을 '할인'이라 하며 실시간으로 이뤄져 목돈이 들지 않는다. 그런데 할인 과정에서 다소간의 부담이 생긴다.

예를 들어보자. 강남에 집을 사면서 1,000만 원어치 국민주택채권을 사야 한다고 하자. 현재 예금금리는 연 3%인데 이 채권의 금리는 연 1%이다. 만기는 10년이나 된다. 이는 곧 예금금리가 현재 상태대로 유지된다면 10년간 매년 2% 포인트의 금리를 손해봐야 한다는 의미이다.

그래서 시장에 팔기로 했다. 그런데 정가로는 아무도 이 채권을 사지 않는다. 다른 곳에 투자하면 이보다 높은 수익을 얻을 수 있는 상황에서 구태여 이 채권을 살 필요가 없는 것이다. 따라서 이 채권을 팔기 위해서는 1,000만 원보다 낮은 가격에 팔아야 한다. 그래야 누군가 사도록 만들 수 있다. 이를테면 900만 원에 파는 식이다.

이러한 구입 가격인 1,000만 원과 900만 원 차이를 '할인액'이라 한다. 할인액은 채권금리가 낮고 만기가 길수록 커진다. 보다 많이, 오래 발생하는 손해를 가격으로 벌충해줘야 하기 때문이다.

현실에서 거래는 할인액을 부동산, 자동차 영업소 등 중개상에 지급하는 것으로 종료된다. 그러면 중개상들이 알아서 절차를 해결해준다. 그래서 많은 사람들이 스스로 채권 거래를 했는지조차 모르게 된다.

그런데 이때 중개상들이 속이는 경우가 많다. 실제 할인액보다 많은 돈을 받아내 차익을 챙기는 것이다. 그러므로 번거롭더라도 은행이나 증권사 창구를 찾아가 직접 거래하는 것이 좋다. 창구에서 채권 할인을 신청하면 채권을 사는 것과 동시에 파는 과정을 한 번에 해결할 수 있다. 창구에는 할인액만 내면 된다. 이 과정이 번거롭다면 중개상을 통해 할인이 제대로 됐는지 그 내역을 꼼꼼히 점검해봐야 한다.

간혹 투자 목적으로 채권을 할인하지 않고 계속 보유하는 경우도 있다. 이는 집이나 자동차 구매액 외에 추가로 목돈이 있을 때 가능한 방법으로 이것이 유효하려면 시장금리가 계속 떨어져야 한다. 예를 들어 현재 예금금리가 연 3%인데 국민주택채권 금리가 연 2%라 하자. 현재 시점에서 계속 보유하는 것은 손해이다. 그런데 앞으로 시장금리가 하락하면서 조만간 예금금리가 연 2% 밑으로 떨어질 것이라고 하자. 그러면 이때는 오히려 국민주택채권을 계속 손에 쥐고 있는 것이 낫다. 이후 만기까지 보유하다가 정부로부터 원리금을 받을 수도 있고, 시장금리가 바닥까지 떨어졌을 때 은행 창구에서 팔면 시세차익을 누릴 수 있다.

하지만 이 같은 경우는 거의 없다. 대부분 국민주택채권 금리는 극히 낮은 수준에서 결정되기 때문이다. 그러므로 할인하는 것이 대체로 유리하다. 다만 할인 과정에서 중개상을 통해 손해를 보지 않도록 꼼꼼히 과정을 체크해야 한다.

채권가격은 어떻게 움직일까?
– 금리와 채권가격의 상관관계

채권시장은 크게 발행시장과 거래시장으로 나뉜다. 발행시장은 말 그대로 기업, 정부 등이 채권을 발행해 돈을 마련하는 시장이다. 채권을 구입하는 사람들은 만기까지 보유하기도 하지만 중간에 내다 팔기도 한다. 손바뀜이 발생하는 것이다. 이러한 거래가 이뤄지는 시장이 거래시장이다. 거래가 성사되려면 가격이 설정되어야 한다. 그렇다면 채권가격은 어떻게 형성될까?

금리 상승은 채권가격 하락

채권가격을 결정하는 가장 중요한 요소는 금리이다. 채

권은 발행할 때부터 금리가 정해진다. 예를 들어 2010년 9월 삼성전자 3년물 회사채가 연 3% 금리로 발행됐다고 하자. 이는 2013년 9월까지 3년 동안 연간 3% 이자를 지급한다는 의미이다. 이는 발행 당시 계약이므로 변동되지 않는다. 최종적으로 채권을 보유하는 사람이 누구건 만기에 삼성전자에 채권을 들고 가면 약속한 원리금을 지급한다.

그런데 시장금리는 수시로 변동된다. 자금 수요 공급 상황에 따라 수요가 늘면 금리가 올라가고 반대로 공급이 늘면 금리는 내려간다. 다시 말해 자금을 빌리려는 수요가 많아지면 좀 더 많은 이자를 지급해야 돈을 빌릴 수 있고, 자금 공급이 많아지면 좀 더 적은 이자를 줘도 돈을 빌릴 수 있다. 채권 거래시장에서 채권가격은 이러한 시장금리 영향을 받는다.

예를 들어 자금 수요가 늘면서 시장금리가 올랐다고 하자. 그런데 2010년 9월 발행된 삼성전자 3년물 회사채 금리는 변하지 않는다. 이 채권에 한해서는 만기인 2013년 9월까지 금리가 그대로 적용된다. 정기예금 가입 후 다른 예금금리가 오르더라도 자신이 가입한 정기예금의 금리는 만기까지 그대로인 것과 같다.

다른 금리가 오르는데 2010년 9월 발행된 삼성전자 채권금리만 그대로라면 이 채권은 어떻게 될까? 당연히 그 가치는 떨어진다. 이후 발행되는 다른 채권은 시장금리 상승 영향을 받아 4%, 5% 등 보다 높은 금리를 지급하는데 이 채권만 계속 3% 금리를 지급하니 가치가 떨어지는 것이다. 이처럼 채권은 발행 이후 시장금리가 올라가면 가치가 낮아진다.

　반대로 발행 이후 시장금리가 내렸다고 하자. 새롭게 발행되는 다른 채권은 낮은 금리를 지급하는데 2010년 9월 발행된 삼성전자 3년물 회사채는 상대적으로 높은 금리를 주는 상황이다. 그러면 이미 발행된 채권의 가치는 오른다. 결국 채권은 발행 이후 시장금리가 낮아지면 가치가 올라간다.

　이처럼 금리와 채권 가치는 역의 관계를 갖고 있다. 그런데 이때 주의해야 할 것은 여기서 말하는 금리는 해당 채권을 제외한 시장금리 상황이란 사실이다. 이러한 시장금리는 새로 채권을 발행하는 금리, 예적금 금리 등 각종 금리 동향을 종합해 결정된다. 이미 발행된 채권가격은 이러한 발행 이후 시장금리 상황에 따라 채권 가치가 영향을 받는다.

이에 따라 채권 구입 이후 만기까지 보유하지 않고 중간에 매각을 할 때는 시장금리에 따라 높은 값을 받을 수도 있고, 낮은 값을 받을 수도 있다. 2010년 9월 구입한 연 3% 금리 삼성전자 회사채 3년물을 2011년 9월 시장에 매각할 경우, 시장금리가 연 2%라면 높은 값에 팔 수 있고 반대로 시장금리가 연 5%로 높은 수준이라면 낮은 값에 팔아야 한다.

물론 만기까지 수시로 금리가 변하는 채권도 있다. 시장금리가 올라가면 해당 채권의 금리를 높여주고, 금리가 내려가면 해당 채권의 금리를 내려주는 식이다. 금리와 비슷한 움직임을 보이는 물가 변화에 따라 해당 채권의 금리를 조절해주는 '물가연동채'가 대표적이다. 가입 기간 동안 수시로 금리를 조절해주는 예금 상품과 비슷하다고 보면 된다. 전체 채권시장에서 차지하는 비중은 그리 높지 않다.

정부, 대기업, 금융사들은 수시로 채권을 발행한다. 발행할 때마다 해당 채권금리는 시장 상황에 영향을 받는다. 예를 들어 금리가 계속 상승하는 상황이라면 2010년 9월 발행된 삼성전자 회사채 금리보다 2010년 10월 발행된 삼성전자 회사채 금리가 더 높아진다. 시장금리가

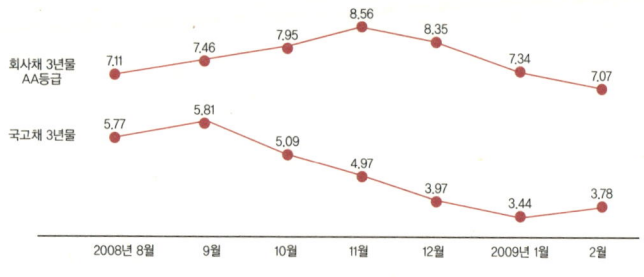

[그림 3-2] **금융위기 기간 국고채-회사채 금리 추이**

상승할 때 예금에 늦게 가입할수록 더 높은 금리를 받는 상황과 같다. 이렇게 같은 주체가 발행했다 하더라도 새로 찍는 채권금리가 높아지면 기존에 발행된 채권의 가격은 내려간다.

경기 풍향계 역할 하는 채권금리 동향

금리에 영향을 미치는 주요한 시장 상황은 크게 2가지이다. 우선 자금 수급 상황이 있다. 전반적으로 시중에 유동성이 풍부해 돈을 쉽게 구할 수 있으면 채권금리는 내려간다. 시중에 돈이 많으니 낮은 금리로 채권을 발행해도 채권을 구입하겠다는 사람이 나타나기 때문이다. 반대로 자금을 구하기 어려우면 채권금리는 올라간다.

다음으로 돈을 상환받을 수 있는 가능성이 있다. 채권에 투자해 떼일 위험이 커지면 투자자들은 위험에 걸맞게 높은 금리를 요구한다. 반대로 떼일 위험이 줄어들면 낮은 금리만 줘도 채권을 구입하도록 만들 수 있다.

상환 가능성에 영향을 미치는 요소는 발행 주체의 신용도, 경제 상황, 채권의 성격 등이다. 발행 주체의 신용도가 높고 경제 상황이 전반적으로 괜찮으면 상환받을 확률이 올라가니 금리가 낮아진다. 또 담보가 있으면서 상환 순위가 앞서면 금리가 내려간다. 신용도, 경제 상황 등에서 반대 상황이면 채권금리는 올라간다.

이 같은 상황에 비춰 국책은행인 산업은행이 현재 발행하고 있는 채권에 투자 가치가 있다는 분석이 있다. 산업은행은 국책은행이라 사실상 정부 지급보증이 실시된다. 산업은행이 파산해 채권을 상환하지 못하면 국가가 대신 물어줄 것이란 믿음이 있는 것이다. 하지만 정부 발표대로 향후 산업은행이 민영화되면 이후 발행되는 채권에는 지급보증이 사라진다.

그런데 안전한 채권에 대한 수요는 늘 꾸준하다. 금융사들이 자산 운용을 위해 위험자산과 안전자산을 적당히 배분하는 상황일 경우 안전한 채권에 대한 최소한의 수요가 있는 것이다. 이 같은 상황에서 대표적인 안전 자산인 산업은행 채권이 민영화로 인해 더 이상 안전 자산으로 분류되지 않으면 결국 기존에 발행된 산업은행 채권에 수요가 몰릴 수밖에 없다. 민영화 이전 발행 채권에는 시장 신의를 고려해 계속 정부 지급보증이 붙기 때문이다. 그렇게 되면 산업은행이 민영화 전에 발행해놓은 채권 가격은 오르게 된다. 그러므로 산업은행 민영화 전에 채권을 사두면 민영화 후에 시세차익을 누릴 수 있다는 분석이 성립된다.

구체적으로 채권별 금리 상황을 살펴보면 여러 채권 가운데 전체적으로 국고채의 금리가 가장 낮다. 국가는 파산 위험이 거의 없기 때문이다. 따라서 아무리 우량 기업이라 하더라도 본사가 속한 국가의 국고채보다 낮은 금리로 채권을 발행하기는 어렵다.

특히 경제가 위기에 빠지면 국고채와 회사채 혹은 국고채와 금융채와의 금리 격차는 매우 크게 벌어진다. 아무리 경제 위기라 하더라도 국가의 파산 위험은 그리 커지지 않는다. 하지만 기업과 금융사의 파산 위험은 매우 커진다. 따라서 투자자들은 회사채와 금융채 발행자들에게 위험이 커진 만큼 높은 이자를 요구해 회사채와 금융채 금리는 높게 치솟는다. 특히 북한 사태 등 돌발 사태가 발생하면 경제 위험도가 커져 금리가 더 올라가기도 한다. 반면 국가의 부도 위험은 기업이나 금융사만큼 커지지 않아 금리에 큰 변화는 없다.

오히려 투자자들이 상대적으로 안전 자산인 국고채에만 투자하려 들면서 정부는 보다 낮은 금리로 채권을 발행할 수 있게 되고 이에 따라 국고채 금리가 내려갈 때도 있다. 결국 위기 때면 국고채와 다른 채권과의 금리 격차는 매우 커진다. 금리 격차를 '스프레드(Spread)'라 하는데 위기 때면 국고채와 다른 채권 사이의 스프레드가 매우 커진다.

그런데 일반적인 경제 위기가 아닌 재정 위기 때는 반대 현상이 발생한다. 2010년 헝가리 채권시장이 대표적인 사례이다. 헝가리 정부는 엄청난 재정적자로 국가가 파산할 수 있다는 의심을 받았다. 따라서 아무도 헝가리 국고채를 사려 하지 않았고 이에 따라 헝가리 국고채 금리는 매우 높은 수준으로 치솟았다.

반면 재정 위기와 큰 상관없는 헝가리 기업들의 채권 금리는 그렇게 높게 뛰지 않았다. 결국 헝가리 정부 채권과 헝가리 회사채의 금리 격차는 매우 좁혀지고 말았다.

이처럼 재정 위기가 발생하면 국고채 금리는 크게 오르는 반면 회사채 금리 상승폭은 이에 미치지 못하면서 회사채와 국고채 금리의 스프레드는 좁혀진다.

장기채권과 단기채권의 금리 차이로도 경기를 읽을 수 있다. 보통 만기가 짧을수록 채권금리는 낮아진다. 불확실성이 덜하기 때문이다. 3년짜리 정기예금보다 1년짜리 정기예금의 금리가 더 낮은 상황으로 이해하면 된다. 이에 장기채권 금리와 단기채권 금리의 차이를 뜻하는 '장단기 스프레드'는 항상 일정한 수치를 유지한다.

이 같은 상황에서 앞으로 경기가 악화될 것으로 예상된다고 하자. 경기가 악화되면 자금을 구하려는 수요가 줄어든다. 돈을 빌려 투자하려 들지 않기 때문이다. 따라서 경기가 악화된 상태의 미래에는 시장금리가 떨어져 있을 것이라고 예상할 수 있다. 이 같은 예상은 장기채권 금리에 영향을 미쳐 장기채권 금리를 떨어트린다.

반면 단기채권은 짧은 시간 내 상환하는 채권이라 경기 악화 예상을 덜 받는다. 이에 별로 금리가 떨어지지 않는다. 결국 경기 악화가 예상되면 장기채권 금리가 단기채권 금리보다 많이 떨어져 장단기 스프레드가 좁아진다. 오랜 경기 침체가 예상될 때는 장기채권 금리가 매우 큰 폭으로 떨어지면서 단기채권 금리보다 낮아지기도 한다. 이를 '장단기 스프레드의 역전'이라 한다.

하지만 경기 악화를 넘어 경제 위기 상황에서는 이야기가 달라진다. 경제 위기가 오면 돈을 떼일 위험은 무척 커진다. 따라서 누구도 돈을 빌려주려 하지 않는다. 특히 오랜 기간 돈을 빌려주는 것을 무척 꺼리게 된다. 이 같은 상황에서 장기로 돈을 빌리려면 높은 금리를 줘야 한다. 반면 짧은 기간만 돈을 빌리려면 상대적으로 낮은 금리를 줘도 된다. 결국 경제 위기가 오면 단기채권 금리가 다소 오르는 반면 장기채권 금리는 급등하면서 장단기 스프레드가 넓어진다.

그러므로 장단기 스프레드로 경기를 읽을 때는 전반적인 경제 상황을 함께 고려해줘야 한다. 이때 비교 대상은 전반적인 성격이 비슷하면서 만기만 다른 채권으로 한다. 예를 들어 국고채 14년물과 국고채 3년물을 비교하는 식이다.

한줌 외국인이 채권시장 쥐락펴락

시장금리에는 외국인들도 영향을 미친다. 금융연구원

이 2002년부터 2008년 11월까지 7년간 국채금리를 분석한 결과에 따르면 외국인 투자자들의 금리에 대한 영향이 매우 큰 것으로 조사됐다. 반면 국내 기관투자가들의 채권 매매와 금리 사이에는 특별한 상관관계가 발견되지 않았다.

이 같은 차이는 채권 거래 성향 때문인 것으로 분석됐다. 외국인들은 투기적 목적으로 채권 거래를 한다. 가격 방향성에 대해 예측을 한 뒤 채권을 사고팔아 수익을 올리는 목적으로 채권을 거래하는 것이다.

예를 들어 시장금리가 앞으로 하락할 것으로 예상되면 미리 채권을 사두는 식이다. 이후 실제로 미래 시점에서 시권금리가 하락하면 외국인들은 시장에 채권을 팔게 된다. 시장금리가 내려간 상황에서 이보다 금리가 높은 채권을 팔면 이 채권은 시장에서 더 높은 가치를 인정받기 때문이다. 결국 채권을 살 때와 비교해 높은 값에 되팔면서 시세차익을 누릴 수 있다.

따라서 외국인들의 채권 매매 행태는 시장금리에 큰 영향을 미친다. 외국인들이 채권 구입을 늘리면 이는 앞으로 금리가 내려갈 것이란 전망을 하고 있다는 뜻이 된다. 이 같은 전망은 곧 다른 투자가들에게도 파급되어 채권 구입을 늘리게 된다. 이처럼 너도나도 채권을 사면 어떻게 될까? 당연히 채권 발행자들은 충분히 자금을 구할 수 있다. 그리고 돈이 풍부해지면서 추가로 채권을 발행할 때는 좀 더 낮은 금리를 주려고 하게 된다.

결국 시장금리는 내려가게 된다. 외국인들의 예상이 현재 시장에 영향을 미치는 것이다. 이러한 과정을 거쳐 외국인들이 채권 구입을 늘리면 시장금리가 내려갈 개연성이 크다.

반면 국내 투자가들의 상당수는 채권을 매매해 시세차익을 누리기보다 만기까지 보유하려 한다. 만기에 정해진 이자를 지급하는 안정적인 투자 수익원으로만 생각하는 것이다. 그래서 중간에 사고파는 일을 잘하지 않으며 만기에 이자 수익을 챙기는 선에 머물 때가 많다. 그러므로 국내 투자가들의 채권 거래는 상당히 안정적이다.

이 같은 투자 경향에 따라 외국인들은 전체 국채 물량의 10%만 차지하면서도 금리에 큰 영향을 미치게 된다. 반면 국내 투자자들은 거래 물량의 대부분을 차지하면서도 금리에 큰 영향을 미치지 못한다.

RP가 뭐지?

채권 거래 방식은 여러 가지가 있는데 그중에 환매조건부(Repurchase Agreement; RP) 거래가 있다. 이는 채권을 발행한 측과 최초 구매하는 측 사이가 아닌, 채권을 구매한 후 이를 다시 다른 사람에게 넘길 때 이뤄지는 거래 방식이다. 한마디로 채권을 판매한 뒤 이를 다시 사들이기로 약속하는 형태의 거래이다. RP 방식으로 채권을 거래하면, 판매하는 사람이 채권 가격 변동에 따른 위험을 모두 떠안게 된다.

예를 들어 A가 국고채 5년물을 가지고 있다고 하자. 그런데 A가 당장 현금이 필요해졌다. 30일 정도만 융통하면 되는 상황이다. 하지만 가지고 있던 채권을 팔고 싶지는 않다. A의 자산 포트폴리오에서 채권을 일정 부분 보유할 필요가 있기 때문이다.

이때 B에게 30일 뒤 다시 사들이기로 하고 보유 중인 채권을 팔 수 있으면 고민을 해결할 수 있다. B에게 채권을 팔고 받은 돈을 30일 동안 융통한 후, 30일이 지난 후 갚을 돈으로 다시 B로부터 채권을 사들이면 되기 때문이다. 이렇게 하면 A는 채권을 실질적으로 계속 보유하면서 30일간 돈이 필요한 상황을 해결할 수 있다. 이 같은 거래가 RP 거래의 전형적인 방식이다.

그런데 이때 문제가 발생할 수 있다. B에게 채권을 넘긴 30일간 시장금리가 크게 오르는 것이다. 이렇게 되면 이 채권의 가격은 크게 떨어진다. 그럼 B는 A로부터 채권을 살 때보다 싼 값에 되팔아야 한다.

이 같은 불확실성이 있다면 거래는 원활하지 않을 수 있다. 따라서 이런 상황에서 거래가 이뤄지기 위해서는 30

일간 채권 가격의 변동 위험을 A가 모두 떠안아야 한다. 300만 원인 채권 가격이 200만 원으로 떨어지든 100만 원으로 떨어지건 무조건 305만 원에 사들이겠다고 약속하는 식이다. 그렇게 하면 B는 30일간 305만 원과 300만 원의 차이인 5만 원의 수익을 기대하고 거래에 응하게 된다. 물론 이렇게 하면 30일간 채권 가격이 크게 오르면서 채권을 비싸게 팔 수 있는 기회를 놓치지만 상황이 어떻게 변할지 알 수 없어 확정 수익을 조건으로 채권을 사게 된다. 이때 5만 원을 현재 채권 가격 300만 원으로 나눠 준 값을 RP금리라 부른다.

RP금리 역시 시장 상황에 영향을 받는다. RP를 통해 자금을 융통하려는 사람이 늘면 금리가 오르고, 융통하려는 사람이 줄면 금리가 내려간다.

이처럼 RP 거래가 이뤄지는 것은 각종 수수료를 줄이기 위해서이다. 굳이 RP 거래를 하지 않고 A는 보유 중인 채권을 팔았다가 30일 후 다시 사들여도 된다. 하지만 팔았다 샀다 하는 과정에서 수수료가 든다. 이 같은 상황에서 B와 개별적으로 RP 거래를 하면 수수료를 줄일 수 있다. 또 30일 간 시장금리가 갑자기 크게 떨어지면서 채권 가격이 오르면 A는 같은 물량의 채권을 확보하기 위해 보다 많은 값을 치러야 한다. 이때 B에게 잠시 동안 확정된 가격에 채권을 팔 수 있으면 이 같은 위험을 줄일 수 있다.

RP는 주로 한국은행이 유동성을 조절하는 창구로 활용한다. 한국은행이 시중 은행으로부터 RP 방식으로 채권을 사주면 은행들은 거래 기간에 현금을 마련할 수 있다. 반대로 한국은행이 은행에 RP 방식으로 보유 중인 채권을 판매하면 거래하는 동안 은행들로부터 현금을 거둬들일 수 있다.
한국은행은 주로 7일 이내의 짧은 만기로 시중 은행과 RP 거래를 하는데 이때 적용되는 금리가 한국은행이 결정하는 기준금리가 된다. 즉 한국은행은 시중 은행에 RP 방식으로 채권을 사고팔 때 받거나 지급하는 금리를 금융통화위원회를 통해 결정하는데, 이를 기준금리로 삼는 것이다. 그리고 이 금리는 모든 금융거래의 기준이 된다. 2011년 4월 현재 연 3.0%를 기록 중이다.

물론 한국은행이 결정하는 것은 '목표'이며 실제 금리는 거래 상황에 따라 달라질 수 있다. 한국은행은 실제 금리가 2.25%보다 떨어질 것 같으면 시장에서 RP 방식으로 채권을 매각해 유동성을 흡수함으로써 금리 하락을 막고, 금리가 기준 목표보다 오를 것 같으면 시장에서 RP 채권을 매입해 유동성을 공급함으로써 금리 상승을 막는다. 예전에는 은행들끼리 30일 이내로 자금을 빌리고 빌려주는 '콜'시장의 콜금리를 한국은행이 기준금리로 결정하는 체계였는데 이보다 RP금리 조절이 보다 효율적이란 분석이 나오면서 대상을 RP금리로 바꿨다.

RP 거래는 일반인들도 할 수 있다. 자금이 필요한 금융사들로부터 RP 방식으로 채권을 사주는 것이다. 금리, 즉 가격이 확정되므로 가격 변화에 따른 손해를 볼 가능성은 없다. 다만 RP 만기가 돌아오기 전 중도 해지할 경우 해지 수수료를 내야 한다. 일반적으로 수익률은 정기예금보다 약간 높다.

RP 거래는 보통 1~30일 사이로 짧게 이뤄지며 길게는 1년까지 거래되기도 한다. RP 거래는 다소 위험이 따를 수 있다. 다시 사주기로 약속한 금융사 사정이 어려워져 다시 사주지 못할 수 있기 때문이다. 이후 채권 가격이 오르면 시장에 내다팔아 오히려 수익을 낼 수 있지만, 반대로 채권 가격이 떨어지면 손해를 봐야 한다. 이러한 위험을 없애기 위해 RP 거래에는 보통 지급보증이 붙는다.

그리고 RP 거래를 할 때는 대상으로 대기업 등 우량 회사채를 선택하는 것이 좋다. 만약에 금융사에 사정이 생겨 환매를 하지 못하더라도, 채권 자체에 설정된 만기까지 보유하다 채권을 발행한 기업으로부터 원리금을 받을 수 있기 때문이다.

채권 부도 위험 덜어주는 CDS가 금융위기의 주범?
– CDS

채권을 거래할 때 가장 염려되는 것이 채권을 발행한 국가, 기업, 금융사가 파산하는 일이다. 그러면 돈을 빌려 줬다가 떼이는 것처럼, 채권을 상환받지 못하는 일이 발생할 수 있다. 금융시장은 이에 대한 안전장치를 만들어 놓았다. 글로벌 금융위기의 도화선이 된 '신용파산스왑(Credit Default Swap; CDS)'이란 상품이 그것이다.

CDS와 보험은 쌍둥이

CDS는 한마디로 보험이다. 예를 들어 A가 헝가리 국영기업의 5년물 회사채를 구입했다고 하자. 그런데 사놓고보니 무척 불안하다. 이때 B가 A를 찾아와 A가 산 채권이 부도가 나면 자신이 대신 물어줄 테니 수수료를 내라고 제의했다고 하자. 그러자 A는 수수료를 내고 B로부터 헝가리 국영기업 채권 부도 시 상환을 약속받는다.

이 같은 거래가 CDS이며, 이때 오고가는 수수료를 'CDS프리미엄'이라 한다. CDS프리미엄은 기반이 되는 채권의 부도 위험도를 나타낸다. 헝가리 국영기업의 회사채는 부도날 위험이 크니 높은 수수료가 설정되고, 미국 정부 국고채는 부도날 위험이 거의 없으니 미미한 수수료가 설정된다.

한국 정부가 해외에서 달러를 조달하기 위해 발행하는 '외국환 평형기금 채권(외평채)'의 CDS프리미엄이 금융위기 기간 급등한 바 있는데, 이는 한국에 제2의 외환위기가 올지 모른다는 우려가 확산된 결과였다. 그래서 이 채권을 구입한 외국인 투자가들은 너도나도 CDS 계약을 맺으려 했고, 이 계약을 맺어주는 금융사들이 높은 수수료를 요구하면서 CDS프리미엄이 급등했다. CDS프리미엄이 높아지면 해당 채권, 나아가 채권을 발행한 측의 신용도가 매우 낮아지면서 부도날 위험이 커졌다고 해석할 수 있다.

현재 전 세계에서 거래되고 있는 상당수의 채권에는 CDS 계약이 체결돼 있다. 주로 공격적인 성향의 금융회사들이 CDS 계약을 맺어준다. 채권이 부도나 대신 상환해줘야 하면 큰 손실을 봐야 하지만, 그렇지 않으면 수수료 수입을 얻을 수 있기 때문이다.

이 같은 CDS가 개발되면서 세계 금융시장은 큰 부흥을 맞았다. 채권이 부도나도 상환받을 수 있는 길이 열리면서 채권 거래가 급증했기 때문이다. 이에 따라 신용도가 낮은 기업이나 금융사도 채권을 발행해 자금을 조달할 수 있었다.

하지만 이런 상황은 거꾸로 거품을 낳는 결과를 유발했고 결국 금융위기의 한 원인이 됐다. 특히 안전장치라는 본래 속성과 달리 CDS에 투기적 성격이 부가되면서 큰 문제를 일으켰다.

CDS는 한번 계약을 맺었다고 해서 그대로 머물러 있지 않는다. 그 자체로 거래 대상이 될 수 있다. 예를 들어 B가 A를 위해 A가 보유한 채권이 부도날 때 이를 보상하는 CDS 계약을 맺었다고 하자. B는 계속 이 계약을 들고 있지 않고 다른 사람에게 넘겨도 된다. 이를테면 C에게 일정한 대가를 주고 B가 져야 할 책임을 대신 지게 하는 것이다. 추후 A가 보유한 채권이 부도나면 B가 아닌 C가 A에게 보상을 해주게 된다. B는 CDS를 넘기는 순간 아무런 책임이 없게 된다.

이 같은 거래는 연쇄적으로 이뤄질 수 있다. 결국에는 A가 보상을 받기 위해 최종적으로 CDS 계약을 맺은 사람을 한참 찾아야 하는 일이 벌어지기도 한다. 이런 식으로 전 세계에서 벌어진 CDS 거래 규모는 금융위기 직전 35~40조 원에 달했다.

이 과정에서 CDS프리미엄은 계속 올라갈 수 있다. B가 A에게 최초로 지급한 CDS프리미엄보다 B가 C에게 지급한 CDS프리미엄이 더 커질 수 있기 때문이다. 예를 들어 B가 A를 위해 CDS 계약을 맺어줬는데 A가 보유한 채권 부도 위험이 갑자기 커지면서 불안해졌다고 하자. 이때 더 공격적인 성향의 C가 B를 위해 그 계약을 자신이 대신 가져갈 테니 수수료를 내라고 하면 B는 더 높은 수수료를 줘야 한다. 이 과정에서 CDS프리미엄은 더 커질 수 있다.

이러한 연쇄적인 과정을 거치며 CDS프리미엄은 계속 올라가고 A가 보유한 채권은 극히 불안한 채권으로 해석될 수 있다. 그러면 A가 보유한 채권을 최초 발행한 기업

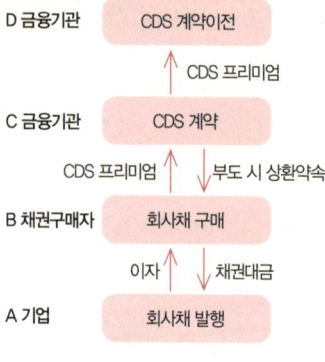

[그림 3-3] **채권-CDS 거래 과정**

이나 금융사는 새로 채권을 발행할 때 큰 어려움에 빠질 수 있다. 금융위기 기간 이 같은 일은 연쇄적으로 일어났고 전반적으로 자금시장이 얼어붙는 결과를 가져왔다.

만일 CDS 계약이 연쇄적으로 일어나지 않는다면 프리미엄이 계속 커지는 것을 막을 수 있고 자금시장 경색도 최소화됐을지도 모른다.

왜곡된 CDS프리미엄 결정체계

기반이 되는 채권 없이 CDS만 사고팔 경우도 있다. 예를 들어 A기업 채권이 있다고 하자. 그럼 이 채권을 안정적으로 보는 사람(B)도 있고, 곧 부도가 날 것으로 보는 사람(C)도 있다. 두 사람이 만나면 서로 예상이 다르니 거래가 성사될 수 있다. B가 C에게 CDS를 파는 것이다. 이때 C는 B에게 CDS 계약을 구매하는 대가로 CDS 프리미엄을 지급하게 된다. 이후 채권이 계속 안정적이라면 상황에는 변화가 없다. 그런데 C의 예상대로 A기업의 채권이 부도가 났다고 하자. 이렇게 되면 B는 C에게 채권 금액에 상당하는 돈을 지급해야 한다. C가 실제 채권을 보유하고 있는 것은 아니지만 약속을 했으니 돈을 지급하는 것이다.

이 같은 거래가 성사될 수 있는 것은 채권시장이 안정적일 때 정해진 수수료를 벌고 싶은 B와 채권시장이 불안해 부도가 속출할 때 거액을 벌고 싶은 C의 수요가 서로 맞아 떨어지기 때문이다. 그런데 이런 계약은 채권을 상환받지 못할 위험을 보증해주는 CDS 계약의 본질에서 한참 벗어나 있다. 사실상 내기 도박에 가깝다. 이는 A기업 입장에서 크게 불합리한 상황이다. 실제 자신의 부도 위험에 상관없이 채권을 보유하지도 않은 제3자끼리, 자기 채권의 안정성을 가지고 장난을 하고 있는 것이나 마찬가지이기 때문이다. A는 단지 자기 채권이 시장에서 거래되고 있다는 이유만으로 이를 참아 넘겨야 한다.

그리고 이 같은 거래는 위기 때 CDS프리미엄을 크게 높일 수 있다. 위기가 되면 CDS를 사려는 사람만 생기기 때문이다. 즉 부도가 날 가능성에 돈을 걸어 실제 거액을 챙기려는 사람만 등장하게 된다. 심지어 제3자로부터 돈을 빌려 CDS 계약을 사는 투자자까지 나타날 때도 있다. 이렇게 되면 당연히 CDS를 사는 대가, 즉 CDS프리미엄은 올라갈 수밖에 없다.

이렇게 형성된 높은 프리미엄은 해당 채권에 대한 불신으로 이어지고 그 채권을 발행한 국가나 기업에 대한 의심으로 연결된다. 이는 악순환을 유발한다. 일반 투자자들의 심리까지 불안하게 만드는 것이다. 자연히 CDS프리미엄은 보다 크게 오를 수밖에 없다. 일반 투자자까지 CDS 실수요자로 뛰어들기 때문이다. 그리고 이는 채권을 발행한 국가·기업에 대한 큰 불신으로 이어지고 궁극적으로 해당 국가·기업에 실제 위기를 가져올 수 있다.

실제로 위기 기간에 이 같은 일이 많이 벌어졌다. 특히 특정 기업이나 국가에 큰 문제가 없는데도 무리하게 CDS를 사겠다는 수요만 창출되면서 위기설이 불거지는 경우가 많았다. 한국과 그리스가 대표적인 예이다.

한국의 CDS프리미엄은 2008년 8월 7일 베이시스 포인트(1bp=0.01%) 기준 세 자릿수로 올라선 뒤 금융위기가 절정이던 2008년 10월 27일 699bp(6.99%)까지 치솟은 바 있다. 한국 정부가 발행한 국채 부도 위험을 누군가에 넘기기 위해서는 채권 금액의 6.99%를 수수료로 줘야 한다는 의미이다. 이는 태국, 말레이시아 등 동남아 국가들보다 높은 수준이었다. 실제 부도날 리 없는 한국 정부 채권의 수수료가 급등한 데는 당연히 투기 영향이 컸다. 동남아 국채는 거의 거래가 없는 반면 한국 채권은 거래가 많았고 이에 따라 투기에도 많이 노출되면서 수수료도 급등했다.

이 같은 상황에 대해 파판드레우 그리스 총리는 "CDS 투기는 이웃집 화재보험증서를 산 후 보험금을 받기 위해 이웃집을 불태우는 것과 같다"고 말한 바 있다. 남의 집에 자기 이름으로 보험을 가입한 뒤 실제 남의 집에 불이 나면 자신이 보험금을 받아 챙기니 이를 위해 불이 나기를 바란다는 의미이다. 이 같은 바람이 모이면 실제 불이 날 수도 있다.

이에 따라 위기 이후 EU 등에서는 투기적 CDS 거래 규제 움직임이 발생하기도 했다. 앙겔라 메르켈 독일 총리, 니콜라 사르코지 프랑스 대통령 등이 EU 집행위원장에게 투기적 CDS 거래를 제한하는 방안을 논의하자고 제의한 것이다. 그러자 그리스 국채의 CDS프리미엄은 열흘 만에 340bp에서 280bp로 떨어지기도 했다. 투기적 거래가 어려워질 것이란 기대가 반영되면서 일부 거래가 빠져나간 탓으로 그만큼 투기적 거래가 많았다는 뜻이 된다.

이에 대해 CDS 거래를 많이 한 금융회사를 보유한 미국과 영국은 자국 업체들이 피해를 입을까 우려해 "온도가 떨어진다고 온도계를 탓하는 격"이라며 EU를 비난하기도 했다. 또 일개 금융상품에 투자하는 금융사들이 한 나라를 부도낼 힘이 없는데도 과민하게 반응한다는 비판도 있었다.

하지만 CDS프리미엄이 계속 높으면 이것이 국가부도 위험이 높다는 것으로 해석됨에 따라 그리스 등 어려움을 겪고 있는 국가들이 신규로 외채를 조달하기 어렵게 되고 조달하더라도 높은 금리로 조달해야 해 위기를 겪을 가능성이 있다. 특히 신규 조달이 이루어지지 않아 기존 외채를 갚지 못한다면 실제 부도로 이어질 수 있다는 점에서 유럽의 우려는 수긍할 만한 점이 있었다.

안정된 한국의 CDS프리미엄

현재 한국 국채의 CDS프리미엄은 bp 기준 두 자릿수대로 안정돼 있다. 채권액의 1%(100bp) 이하의 수수료로 부도 위험을 남에게 넘길 수 있는 것이다. 위기 기간 한국이 불안하다며 연신 위기감을 조성했던 영국보다도 낮아졌다. 영국은 재정위기를 겪고 있는 반면 한국은 위기가 많이 안정된 탓이다. 국채뿐 아니라 삼성전자, 한국전력, KT, 포스코 등 우량 회사의 CDS프리미엄도 두 자릿수로 내려가 있다. 특히 삼성전자 회사채의 CDS프리미엄은 한국은 물론 중국, 일본 등 주요 국가의 CDS프리미엄보다 낮다. 그만큼 안전하다는 인식이 생긴 것이다.

그런데 CDS프리미엄 하락은 경제 상황 개선 외에 다른 요소도 많이 작용한다. 우선 채권 발행 물량 감소가 원인이 될 수 있다. 한국 정부가 외국에서 발행하는 국채인 외평채는 금융위기가 어느 정도 해결된 이후 거의 발행되지 않고 있다. 경상수지 흑자 등을 통해 외환 사정이 개선돼 돈을 빌릴 필요가 없기 때문이다.

이처럼 채권 물량이 감소하면 CDS 계약도 줄어들 수밖에 없다. CDS 계약을 맺으려는 수요가 줄면 가격, 즉 CDS프리미엄이 떨어지는 것은 당연하다. 여기에는 한국 정부가 빚을 덜 내고 있는 상황이므로 떼일 가능성이 더욱 줄 것이란 예상이 생기면서 프리미엄이 함께 떨어지는 효과도 작용했다.

여기에 금융위기 이후 환율 영향도 크다. 외환보유고 누적과 함께 환율이 계속 하락세를 보이면 해외에서 채권을 발행할 필요성은 더욱 떨어진다. 외환이 유입돼 환율이 하락하는 상황인데 채권을 발행해 추가로 외환을 흡수할 필요가 없어지는 것이다. 오히려 기존 채권을 상환해 달러를 밖으로 밀어내야 할 수도 있다. 수출 경쟁력을 유지하기 위해 환율을 올려야 할 필요가 생기기 때문이다. 이에 따라 앞으로 한국 채권 발행이 지속적으로 감소할 것이란 예상이 확산됐고 이에 따라 CDS 계약의 필요성이 줄면서 프리미엄은 떨어지고 있다.

하지만 국제 경제 상황이 나빠지면 한국의 CDS프리미엄은 다시 급등할 수 있다. 개방도가 커서 충격을 바로 받기 때문이다. 위기 때 동남아 국가보다 CDS프리미엄이 높을 정도로 변동성이 컸던 것은 이 때문이다. 또 다시 외환 수급 사정이 불안해져서 외평채 발행 물량이 늘거나, 늘 것이란 예상만 확산돼도 프리미엄은 언제든지 오를 수 있다.

채권금리 하락은 좋은 현상일까?

채권금리가 계속 하락한다고 하자. 기업들은 계속 낮은 금리로 채권을 발행해 자금을 동원할 수 있으니 좋고, 채권 구입자들은 자신들이 구입해 보유 중인 채권 가격이 오르니 좋다. 또 채권금리 하락세가 대출금리 하락으로 이어지면서 대출자들의 부담이 줄 수 있다. 채권을 통해 자금을 동원하는 비용이 줄어드는데, 대출금리만 제자리를 유지하면 사람들은 대출보다 채권을 선호하게 된다. 이에 따라 대출 수요가 줄면 대출금리도 떨어지게 된다. 결국 모두가 행복한 상황일 수 있다. 그런데 그렇지 않을 수도 있다.

채권금리가 하락하는 데는 크게 3가지 이유가 있다. 우선 경기가 식을 것이란 전망 때문이다. 앞서 설명했듯 경기가 나빠지면 시장금리는 내려간다. 뿐만 아니라 앞으로 경기가 악화될 것이란 전망이 생기면 이 영향을 받아 채권 등 시장금리가 내려간다.

한국은행의 동향도 영향을 미친다. 채권금리는 기준금리에 대한 전망에 큰 영향을 받는다. 경기에 대한 자신감이 완전히 회복되지 않아 기준금리 인상이 어려울 것이란 전망이 우세하면 이 영향을 받아 채권금리는 하락세를 나타낸다.

투자 대상도 영향을 미친다. 금리가 하락세이면 예금, 적금 등 다른 금융상품은 투자를 통해 많은 수익을 내기 어렵다. 또 경기 악화가 예상되면 선뜻 주식에 투자하기도 어렵다. 그런데 채권금리가 계속 내려가면 사놓은 채권의 가격이 올라 수익을 거둘 수 있다. 이 같은 수요가 생기면 채권금리는 계속 하락한다. 채권 구입을 통해 돈을 빌려주려는 사람들이 증가하면 결과적으로 자금 공급이 늘고 이에 따라 자금의 가격인 금리가 하락하는 것이다.

그런데 이런 하락세는 경제에 큰 부담이 된다. 많은 사람들이 경기 침체를 예상해 채권금리가 내려가는 상황이라면, 이 같은 전망이 민간에 파급되면서 실제로 경기 침체가 올 수 있다. 또 채권금리 하락의 이면으로 채권 가격이 계속 오르면 시장이 과열되면서 거품이 만들어질 수 있다. 모두가 채권에 투자하면서 채권 가격이 지나치게 오르는 것이다. 이는 곧 시장금리가 필요 이상으로 내려가고 있다는 것을 의미한다.

만일 이런 상황에서 한국은행이 기준금리를 갑자기 인상하면 시장에 충격이 발생할 수 있다. 시장금리가 오르면서 기존에 사놓은 채권 가격이 폭락하는 것이다.

자금 조달 측면에서 보면 채권 수요는 주로 우량 기업 회사채나 국고채로 쏠린다. 이에 따라 금리가 내려가더라도 정작 자금이 필요한 일반 기업들의 회사채는 계속 팔리지 않는 일이 벌어질 수 있다. 반면 우량 기업이나 국가는 낮은 금리로 채권을 발행하면서 시장에 양극화가 벌어질 수 있다.

또 주로 단기 예금을 유치하는 은행들이 수익률이 더 높다는 이유로 장기 채권에 대거 투자할 경우 만기 불일치 문제가 생길 수 있다. 장기 채권에 돈이 묶여 있는 상황에서, 단기 예금 인출 요구가 늘어나면 여기에 제대로 대응하지 못하는 식이다. 결국 개별 시장 주체들이 각자 수익을 좇다보면 시장에 불안 요인이 생길 수 있다.

이에 대해 정부는 채권 가격 상승세가 문제되자 한때 '유동성 비율' 규제를 검토한 바 있다. 이는 은행들이 경제 위기를 대비해 유동성이 높은 자산, 즉 현금화하기 간편한 자산을 많이 보유하라는 규제이다.

만기가 긴 장기채나 회사채의 경우 현금화하기 어렵다. 만기가 긴 예금에 돈을 넣은 상황에서 중간에 현금화하려면, 금리에 많은 손해를 봐야 하기 때문에 웬만해선 현금화하지 못하는 상황과 유사하다. 따라서 장기 채권은 유동성이 극히 떨어진다. 이 같은 상황에서 유동성 비율 규제를 하면 유동성이 떨어지는 장기 채권에 대한 투자가 줄어들 수 있다. 이는 채권에 대한 지나친 수요를 줄여보려는 금융당국의 고육지책이었다.

step 4

금융상품의 응용과 진화

돼지고기 미리 사두는 게 첨단 금융상품?
– 선물, 선도, 스왑

　전통적으로 '금융' 하면 예금, 대출을 떠올린다. 하지만 금융은 발전을 거듭하면서 여러 유형의 거래를 만들어냈다. 이 같은 신종거래수단을 파생금융상품이라 한다.

　파생금융상품은 거래 방식에 따라 무척 위험할 수 있다. 원금 이상의 손실 가능성을 전제로 하고 있기 때문이다. 주식, 채권 등 일반적인 증권은 가장 큰 손해를 보더라도 원금을 모두 잃는 것에 그치지만 파생상품은 원금을 초과해서 손실을 볼 수 있다. 투입한 것 이상으로 돈을 잃으면서 남에게 돈을 빌려 손실을 메워야 하는 경우가 발생하는 것이다. 대표적인 파생금융상품인 선물, 선도와 스왑(Swap)을 먼저 소개한다.

선물·선도

파생금융상품의 대표주자는 선물이다. 선물은 한마디로 미래에 어떤 물건을 구입하겠다고 약속하는 거래를 의미한다. 예를 들어 6개월 후 돼지고기를 대량으로 사야 할 사람이 있다고 하자. 이때는 2가지 위험이 있다. 첫째는 6개월 후 돼지고기 가격이 크게 오를 위험이다. 둘째 위험으로는 물량이 부족해서 필요한 만큼 구입하지 못할 위험도 있다. 이때 누군가와 6개월 후 정해진 가격에 정해진 물량의 돼지고기를 살 수 있는 계약을 해둔다면 2가지 위험 모두에서 벗어날 수 있다. 이것이 선물이다. 즉 선물은 한마디로 어떤 물건의 가격과 수량을 미리 정해두는 계약이다.

이 같은 계약을 해주는 사람은 돼지고기를 충분히 보유하고 있는 사람이다. 이 사람은 꾸준히 돼지고기를 팔아야 하는데 일정 시점 후 돼지고기가 남아돌면 가격이 크게 떨어져서 손해를 볼 수 있는 위험을 안고 있다. 따라서 미리 정해진 가격에, 정해진 물량을 판매하는 계약을 해둔다면 안정적인 수익을 거둘 수 있다.

이러한 필요가 서로 만나 선물 계약이 이뤄진다. 선물은 모든 상품에 적용될 수 있다. 원유, 옥수수, 돼지고기 등 실물뿐 아니라 외환 등 금융거래에도 적용된다. 이 가운데 외환을 미리 거래하는 것을 선물환이라고 한다. 수출로 6개월 후 거액의 외환을 받게 될 기업이 어떤 상대방에게 정해진 환율로 미리 외환을 파는 식이다.

 선물 계약은 보통 선물거래소를 통해 이뤄진다. 어떤 상품을 미리 팔고 싶은 사람은 거래소에 판매를 의뢰하고, 미리 사고 싶은 사람은 구매를 의뢰한다. 그러면 거래소가 알아서 거래를 조율한다. 따라서 매매 상대방끼리 서로의 존재를 모르는 경우가 대부분이다. 우리가 마트에서 채소를 사면 생산자가 누군지 모르는 것과 같다.

 가격은 현재 거래 가격과 거의 비슷하게 결정되지만, 선물시장 자체 원리에 따라 사려는 수요가 많으면 올라가고 팔려는 수요가 많으면 내려간다. 예를 들어 돼지고기 선물 가격은 현재 거래 가격과 별 차이가 없지만 앞으로 돼지고기 물량이 부족할 것으로 예상해 미리 사두려는 수요가 증가하면 선물 가격은 현물 가격 이상으로 오르게 된다.

 거래 물량 측면에 있어서는 많은 사람들이 앞으로 가격이 내려갈 것으로 예상하면 선물 매도가 증가하고, 가격 상승을 예상하면 선물 매수가 증가한다. 선물 매도 물량이 많아지면 가격이 하락하고 매수 수요가 많아지면 가격이 상승한다.

현실에서 거래는 서로 물건을 주고받지 않은 채 차액만 주고받는 경우가 많다. 예를 들어 6개월 후 톤당 1만 원에 6,000톤의 돼지고기를 구입하겠다는 선물 계약을 한 상황에서, 6개월 후 돼지고기 가격이 톤당 2만 원으로 올랐다고 하다. 이 같은 계약을 했다면 톤당 2만 원에 사야 하는 돼지고기를 톤당 1만 원에 살 수 있다.

그런데 실제 상대방으로부터 돼지고기를 사지 않고 거래 물량인 6,000톤에 대해 톤당 1만 원의 차액을 곱한 6,000만 원을 받아도 결과는 같다. 여기에 자기 돈 6,000만 원을 들여 1억 2,000만 원을 만든 뒤 시장에서 돼지고기 6,000톤을 살 수 있기 때문이다. 결과적으로 6,000만 원으로 돼지고기 6,000톤을 산 셈이다.

반대로 돼지고기 가격이 톤당 5,000원으로 떨어지면 톤당 5,000원에 살 수 있는 돼지고기를 톤당 1만 원에 사는 것이 아니라 거래 물량인 6,000톤에 대해 톤당 5,000원의 차액의 합인 3,000만 원을 상대방에 지급한다. 이후 시장에서 톤당 5,000원인 돼지고기 6,000톤을 3,000만 원에 구입하면 결과적인 자기 부담은 총 6,000

만 원이 된다. 톤당 1만 원에 돼지고기를 산 것과 결과가 같은 것이다. 이를 두고 괜히 선물 계약을 해서 손해를 봤다고 생각할 수 있지만 돼지고기 가격이 오를 것에 대비해 계약을 했고 애초에 돼지고기 구입을 위해 6,000만 원을 쓰겠다고 생각한 상황이었다면 꼭 손해라고 보기 어렵다. 돼지고기 가격 변동의 위험을 없애기 위한 노력의 결과이기 때문이다.

거래소는 이 같은 거래가 원활히 이뤄지도록 거래 당사자들에게 '증거금'을 요구한다. 가격의 변동으로 돈을 내야 할 상황이 발생했을 때 증거금으로 낼 수 있도록 하기 위해서이다.

선물 거래 가운데 거래소의 중개 없이 계약 상대방끼리 직접 만나 거래하는 것을 별도로 '선도' 계약이라 부른다. 기본적인 거래 시스템은 선물과 같다. 거래 양식이 정형화되지 않고 당사자가 직접 만나 계약한다는 점만 다르다.

선물이나 선도는 서로 필요에 의해 거래가 이뤄지기보다는 투기적 목적에 따라 계약이 이뤄질 때도 많다. 예를 들어 돼지고기 가격 폭락이 예상된다고 하자. 이때 미리 돼지고기 선물 매도 계약을 해놓으면, 일정 시점 후 상대방으로부터 선물 가격과 실제 돼지고기 거래 가격 간 차액을 받아 큰 수익을 낼 수 있다. 이에 돼지고기와 전혀 관련이 없는 사람들이 선물시장에 대거 참여하면서 돼지고기 선물시장이 왜곡될 때도 많다. 많은 사람이 돼지고기 가격 폭락을 예상해 매도 계약에 나서면서 돼지고기 선물 가격이 내려가고 이 영향을 받아 돼지고기의 현재 가격까지 폭락하는 식이다.

이는 결과에 따라 극히 위험할 수 있다. 돼지고기 가격이 폭락할 줄 알고 대규모 선물 매도 계약을 했는데 거꾸로 돼지고기 가격이 급등해 상대방에게 거액을 물어줘야 할 수 있기 때문이다. 이때는 얼마든지 투자 원금 이상의 손실을 볼 수 있다.

많은 사람들이 '선물'이라고 하면 자신과 거리가 먼 이야기로만 생각하는데 실제로는 현실 경제에서 자주 활용된다. '밭떼기' 계약이 대표적인 예이다. 밭떼기는 추수 전 유통업자들이 정해진 가격에 미리 해당 밭에서 나는 농산물을 입도선매하는 계약이다. 추수 시점에서 농산물의 가격이 크게 오르면 농부는 비싸게 팔 수 있는 기회를 잃어 손해이지만, 가격이 폭락할 경우에는 정해진 가격에 팔 수 있어 이익이다.

통화 스왑

스왑은 선물에 비해 생소한 개념이지만 원리 자체는 더 쉽다. 단순히 물물교환처럼 서로의 물건이 잠시 필요한 사람들끼리 만나 이를 교환하는 계약이기 때문이다. 예를 들어 달러를 갖고 있는 A와 원화를 갖고 있는 B가 있다고 하자. 그런데 갑자기 A는 원화가 필요해졌고 B는 달러가 필요해졌다. 그러면 A와 B는 외환시장에서 환전을 하거나 누군가로부터 빌려야 한다. 이때 금액이 소액일 경우는 괜찮지만 거액일 경우 수수료나 이자가 큰 부담이 될 수 있다.

이러한 거래 비용을 줄이기 위해 개발된 것이 스왑이다. 단순히 서로의 통화가 필요한 A와 B가 만나 달러와 원화를 바꾸면 수수료 없이 원하는 것을 얻을 수 있기 때문이다. 스왑 거래 가운데 서로 다른 통화를 바꾸는 계약을 통화스왑(Currency Swap; CRS)이라 한다.

스왑은 기본적으로 교환 계약이지만 돈을 빌려주고 빌릴 때처럼 서로 이자를 주고받는다. 서로 자신의 통화를 담보로 맡기고 상대방으로부터 다른 통화를 빌린 것이나 마찬가지이기 때문이다. 앞선 거래에서는 A는 B에게 원화 조달금리를 주고 B는 A에게 달러 조달금리를 준다.

현실에서 A가 B에게 지급하는 금리는 고정금리이고, B가 A에게 지급하는 금리는 변동금리이다. 즉 A가 B에게 지급하는 금리는 계약기간 동안 변화가 없고, B가 A에게 지급하는 금리는 시장 상황에 따라 계약기간에 수시로 바뀐다. 이때 A가 B에게 지급하는 고정금리를 CRS 금리라고 부른다.

이렇게 하면 A와 B는 서로 조달금리를 아낄 수 있다. 스왑을 하지 않았다면 A는 순수하게 원화 조달금리를 써야 하지만 B에게 달러를 주고 달러 조달금리를 받으니 그만큼 이자 비용이 줄고, B 역시 순수하게 달러 조달금리를 써야 하지만 A로부터 원화 조달금리를 받으니 그만큼 이자 비용을 아낄 수 있다. 즉 서로 이자를 주고받아 이자 부담이 상쇄된다.

스왑의 계약기간은 만기라 부르며 통상 1년일 경우가 많다. 즉 거래 이후 1년 시점에서 A는 원화를 돌려받고 B는 달러를 돌려받는다. 이처럼 스왑은 일시적으로 서로의 물건이 필요해졌을 때 당사자가 만나 잠시 교환하는 거래이다. 스왑시장이 없다면 다른 물건을 사기 위해 자기 물건을 판 뒤, 일정시간 후 원래 물건을 확보하기 위해 사들인 것을 되팔아야 한다. 이 과정에는 각종 수수료가 든다. 반면 필요한 사람끼리 만나 서로의 물건을 일정 시간 동안만 바꿔 쓰면 거래 비용을 아낄 수 있다.

이자율 스왑

A는 상대적으로 변동금리 차입이 유리하고 B는 상대적으로 고정금리 차입이 유리하다고 하자. 그런데 A는 앞으로 금리 상승을 예상해 고정금리로 차입하고 싶고, B는 금리 하락을 예상해 변동금리 차입을 하고 싶어한다. 이때 A가 변동금리 차입을 하고 B가 고정금리 차입을 한 뒤 서로가 서로의 이자를 내주는 계약을 체결할 수 있다. 이를 이자율 스왑(Interest Rate Swap; IRS)이라 한다.

구체적인 수치로 살펴보자. 변동금리 대출에 대해 A는 기준금리+3%로 차입할 수 있고, B는 기준금리+6%로 차입할 수 있다. 고정금리 대출에 대해서는 A가 9%로, B가 10%로 차입할 수 있다. A의 신용도가 좋아 변동금리와 고정금리 모두 차입이 유리하다. 그런데 유리한 정도를 자세히 보면 A는 B와 비교해 변동금리에 대해서는 3%포인트나 유리하지만, 고정금리에 대해서는 1%포인트밖에 유리하지 못하다.

이 같은 차이를 이용해 A는 기준금리+3% 조건으로 보다 유리한 변동금리 대출을 받고 B는 그나마 상대적으로 유리한 10%의 고정금리 대출을 받았다고 하자. 이후 스왑 계약을 맺고 B는 A에게 기준금리+4%의 금리를 갚아준다. 그리고 A는 B에게 9%의 금리를 갚아준다.

　결과를 보자. A는 기준금리+3%로 은행에서 돈을 빌렸다. 그런데 B가 A에게 기준금리+4%를 주니 은행 이자를 갚고도 1%포인트의 이자 이익을 볼 수 있다. 대신 B에게 9% 이자를 줘야 하는데 여기서 1%포인트 이자 이익을 본 것을 감안하면 8%로 자금을 조달하는 효과를 낼 수 있다.

　B는 10% 고정금리로 은행에서 돈을 빌렸다. 이 가운데 A로부터 9% 이자를 받으니 1%가 부족하다. 그런데 A에게 지급하는 금리는 기준금리+4%다. 여기에 부족한 1%를 더하면 결과적으로 기준금리+5%로 자금을 조달한 효과를 낸다.

　결과적으로 A는 8%로 자금을 조달한 셈이고, B는 기준금리+5%로 자금을 조달한 셈이다. 이를 원래 조건과 비교하면 A는 고정금리 조달의 경우 9%로 조달해야 했는데 8%로 조달한 효과를 봤고, B는 기준금리+6%로

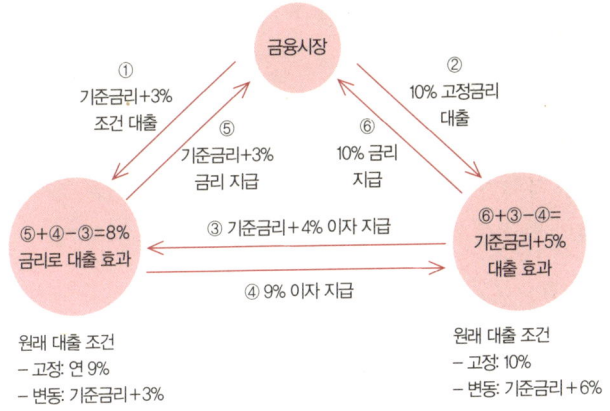

[그림 4-1] **이자율 스왑 개념도**

조달해야 했는데 기준금리+5%로 조달한 효과를 봤다.

각자 상대적으로 유리한 조건의 대출을 받은 뒤 이자 부담을 교환하니 모두 이익을 본 것이다. 이때 A가 B에게 지급하는 고정금리 이자를 IRS금리라 한다.

각종 스왑 거래 지표

앞서 통화스왑에서 A가 B에게 지급하는 CRS금리와 IRS금리의 격차를 '스왑베이시스(Swap Basis)'라 하는데 이를 알아두는 것은 무척 중요하다. CRS금리는 달러를 제공하고 원화를 조달하면서 지급하는 고정금리이다. 반면 IRS금리는 변동금리를 주고 고정금리로 원화를 조달하는 금리이다. 만일 CRS금리가 IRS금리보다 낮다면 고정금리로 원화를 조달하는 데 있어 변동금리를 주는 것보다 달러를 주는 것이 유리하다는 뜻이 된다.

이는 그만큼 달러가 귀하다는 말이다. 달러가 귀하니 달러를 주고 상대적으로 낮은 금리로 자금을 조달할 수 있는 것이다. 이에 'CRS-IRS=스왑베이시스'가 작아지거나 심지어 마이너스를 기록할 때는 외환시장에서 달러가 귀하다는 뜻으로 해석하면 된다.

'스왑스프레드(Swap Spread)'란 것도 있다. 이는 IRS금리에서 국채금리를 뺀 값이다. IRS금리가 높다면 고정금리로 원화를 조달하기 위해 그만큼 많은 대가를 내야 한다는 뜻이 된다.

이는 곧 시장에서 돈을 빌리는 경제주체들의 신용 위험이 높아졌다는 뜻이 된다. 이에 위험이 거의 없는 국채금리와 IRS금리의 차이가 커진다면 경제 전체적으로 위험도가 높아졌다는 뜻으로 해석하면 된다.

반대로 마이너스를 기록하는 상황도 좋지 않다. 마이너스를 기록한다는 것은 국채금리가 크게 올랐다는 것인데, 이는 국채의 위험도가 높아졌다는 뜻이고 이는 곧 국가 자체가 불안해졌다는 뜻이다. 이에 스왑스프레드는 소폭의 플러스를 기록하는 상황이 가장 좋다.

'스왑포인트(Swap Point)'는 '스왑레이트(Swap Rate)'라고도 하는데, 선물환율에서 현재 환율을 뺀 값이다. 스왑포인트는 보통 플러스를 기록한다. 지금 달러를 사지 않고 정해진 값에 미리 사는 계약을 해두기 위해서는 일종의 수수료를 내야 하기 때문이다. 이에 선물환율은 현물환율보다 높고 스왑포인트는 플러스를 기록한다.

그런데 스왑포인트가 마이너스를 기록할 때가 있다. 이는 외환 사정이 극도로 좋지 않아 현재 환율이 크게 오를 때 벌어지는 일이다. 바로 지금 달러가 매우 부족하니 현재 환율이 크게 올라 결국 선물 환율을 넘어서고 이에 따라 스왑포인트가 마이너스를 기록하는 것이다. 이 같은 상황이면 외환시장의 사정이 좋지 않다는 것으로 해석하면 된다.

스톡옵션에 숨겨진 비밀
– 옵션, 어음

 선물, 스왑과 함께 반드시 알아둬야 할 파생금융상품으로 '옵션(Option)'이 있다. 스톡옵션(Stock Option) 등에 사용되는 개념인 옵션은 원문 해석 그대로 '선택권'이란 의미이다. 즉 선택할 수 있는 권리를 말한다. 이 권리가 금융시장에서 큰 역할을 한다. 이와 함께 갈수록 역할이 줄고 있는 어음이 어떻게 변화하고 있는지도 알아보자.

옵션

 당사자 사이의 계약으로 체결되는 옵션은 크게 2가지로 나뉜다. 첫째는 '콜옵션(Call Option)'이다. 이는 구매

권리이다. 예를 들어 한 주당 100만 원짜리 A사 주식에 대해 콜옵션을 얻으면 정해진 날짜에 정해진 가격으로 A사 주식을 계약 상대방으로부터 살 수 있다. 가격은 콜옵션을 거래할 때 정해지는데 대체로 현재 가격에 준해 결정된다. 이 가격에 따라 콜옵션을 얻으면 정해진 날짜에 이 가격에 해당 물건을 살 수 있다.

앞선 예에서 취득 가격이 현재 시가에 따라 100만 원으로 결정되고 정해진 기일이 6개월 후라면 6개월 후 100만 원에 A사 주식을 살 수 있다. 이익은 6개월 후 시가에 따라 달라진다. 6개월 후 A사 주식이 주당 500만 원으로 폭등한 상황에서 콜옵션을 행사해 주당 100만 원에 사면 주당 400만 원의 이익을 남길 수 있다.

반면 A사 주식이 주당 50만 원으로 떨어졌다면 주당 50만 원의 손실을 봐야 한다. 다만 이때는 콜옵션을 행사하지 않으면 된다. 콜옵션은 말 그대로 '살 수 있는' 권리이기 때문에 행사하지 않아도 된다.

임원에 부여되는 스톡옵션(주식에 대한 콜옵션)의 행사 가격은 대체로 시가보다 훨씬 낮은 수준에서 결정된다. 현재 주가가 주당 100만 원인데 기업 측이 임원에게 1년 후 주당 30만 원에 주식을 살 수 있는 권리를 부여하는 식이다. 그렇게 하면 주가가 크게 떨어지지만 않으면 이익을 낼 수 있다. 또 주가가 많이 오를수록 더 많은 이익을 낼 수 있다. 이를 위해서는 임원이 경영을 잘해 좋은 성과를 내야 한다. 이에 스톡옵션은 임원들이 일을 잘할 수 있도록 격려 차원에서 지급되곤 한다.

둘째는 '풋옵션(Put Option)'이다. 이는 매도 권리를 말한다. 예를 들어 주당 100만 원짜리 A사 주식에 대해 풋옵션을 얻으면 정해진 기일에 A사 주식을 약속한 가격으로 계약 상대방에게 팔 수 있다. 이는 콜옵션과 반대로 정해진 기일에 시장 가격이 떨어져 있으면 유리하다.

6개월 후 A사 주식이 주당 50만 원으로 떨어진 상황에서 풋옵션을 행사해 주당 100만 원에 팔면 주당 50만 원의 차익을 남길 수 있다. 시장에서 A사 주식을 50만 원에 산 뒤 계약 상대방에게 100만 원에 파는 것이다. 반대로 시장 가격이 올랐다면 권리를 행사하지 않으면 된다.

옵션은 이처럼 유용해서 이를 얻기 위해서는 거래 상대방에 대가를 줘야 한다. 일정 수수료를 내고 권리를 사들이는 것이다. 거래 상대방은 옵션을 얻은 측이 권리를 행사할 수 있는 상황에 이르면 큰 손해를 보지만, 반대의 상황이 벌어지면 수수료 수익을 얻을 수 있어 거래에 참가하게 된다. 콜옵션을 사려는 수요가 늘면 콜옵션 수수료 가격이 오르고, 풋옵션을 사려는 수요가 늘면 풋옵션 수수료 가격이 오른다.

콜옵션은 실제 거래에서 차액을 주고받는 것으로 해결될 때가 많다. 앞선 콜옵션의 예에서 500만 원짜리 주식을 100만 원에 사게 될 경우 이를 행사하는 사람이 차익을 손에 쥐기 위해서는 100만 원에 산 주식을 시장에서 500만 원에 팔아야 한다. 이는 무척 번거롭다. 이에 실제 주식을 사는 것이 아니라 500만 원과 100만 원의 차액인 400만 원을 받는 식으로 정리하기도 한다.

이 같은 거래 방식에 따라 실물을 갖고 있지 않으면서 옵션 거래가 이뤄지기도 한다. 예를 들어 주당 100만 원인 A사 주식이 급락할 것으로 예견된다고 하자. 이 같은 상황에서 B는 A사 주식을 보유하고 있지 않다. 그런데 C에게 풋옵션 수수료를 준 뒤 6개월 후 A사 주식 한 주를 100만 원에 판매하는 계약을 맺었다. 6개월 뒤 A사 주가는 50만 원으로 떨어졌다. 그럼 B는 C에게 50만 원짜리 주식을 100만 원에 파는 것이 아니라 100만 원과 50만 원 차액인 50만 원을 받는다. 반대로 A사 주식이 200만 원으로 오르면 B는 권리를 행사하지 않고 C가 수수료를 번 채 계약이 종료된다.

선물도 이처럼 실물 없는 거래를 할 수 있다. 다만 주가가 급락하면 풋옵션을 산 B처럼 권리를 행사하지 않는 것이 아니라, 무조건 100만 원과 50만 원의 차액인 50만 원을 C에게 지급해야 한다. 옵션은 권리를 사들인 측이 상황에 따라 포기할 수 있지만, 선물은 가격이 어떻게 변화하든 반드시 실행돼야 하기 때문이다.

옵션이 권리가 아닌 의무가 될 때

이 같은 옵션은 다양하게 활용된다. 대표적인 것이 채권을 판매하면서 일정 기간이 지나면 이를 다시 사들일 수 있다는 권리를 붙이는 것이다. 채권에는 기간과 이자율이 있다. 10년간 매년 10% 이자를 지급하겠다는 식이다. 그런데 이 기간에 시중 채권 이자율이 크게 떨어질 수 있다. 이렇게 되면 계속 10% 이자율을 지급하는 것은 손해이다. 이때는 이미 판 채권을 되사들인 뒤 싼 이자율로 다시 채권을 발행하는 것이 훨씬 이익이다. 이를 위해 채권을 팔면서 5년 정도 후에 다시 채권을 사들이는 권리를 붙여놓으면 남은 5년간 계속 높은 이자를 지급하는 위험에서 벗어날 수 있다.

이와 관련한 일이 2009년 초에 있었다. 2009년 우리은행은 2004년에 발행한 10년 만기 후순위채권에 대한 콜옵션을 행사하지 않는다는 결정을 내렸다. 우리은행은 2004년 2월 4억 달러 규모 10년 만기 후순위채를 발행하면서 5년 뒤 행사할 수 있는 콜옵션 조항을 붙였지만 권리를 행사하지 않았다.

이유는 시장 상황에 있었다. 우리은행이 2004년 발행한 채권의 금리 조건은 5.75%였다. 하지만 2009년 시장 후순위채 금리는 10% 대까지 치솟아 있었다. 콜옵션을 행사해 채권을 사들인 후 같은 액수의 채권을 다시 발행할 경우 2배에 가까운 금리를 줘야 했던 것이다.

이에 우리은행은 채권을 사들이지 않기로 결정했다. 그런데 이는 시장에서 우리은행이 채권을 다시 사들일 재원이 없는 것 아니냐는 의혹이 확산되도록 했다. 채권을 다시 사들이고 싶어도 우리은행이 돈이 없어 사들이지 못한다는 것이다.

실제 당시 다른 은행들은 후순위채 콜옵션을 행사했다. 실리에 따르면 행사하지 않는 것이 맞지만 자금 부족 상황이 아니라는 것을 알리기 위해서였다. 이에 당시 우리은행은 "유동성에 문제가 있어 조기상환하지 않는 것이 아니라 실리를 고려한 선택"이라고 해명했지만 시장의 의심은 가시지 않았다. 실제로 당시 우리은행이 돈을 갚을 수 있는 능력이 없어 콜옵션을 행사하지 않았다는 분석이 많았다.

특히 후순위채 투자자들의 원성이 높았다. 당시 투자자들은 우리은행이 콜옵션을 행사할 것으로 기대했다. 원칙상 우리은행의 권리이지만 5년 전 채권을 살 당시 우리은행이 권리를 행사할 것으로 믿고 채권을 구입했기 때문이다. 이는 당시 관행이었다. 즉 모든 은행들이 금리가 어떻게 변하든 콜옵션을 행사했다.

이는 거꾸로 채권에 붙어 있는 콜옵션을 우리은행의 권리가 아닌 의무로 여기게 했다. 이처럼 시장 신뢰에 따라 옵션은 권리에서 의무로 바뀌기도 한다. 선택에 따라 옵션을 행사하는 것이 아니라 반드시 행사해야 하는 의무로 바뀌는 것이다.

이 같은 인식에 따라 당시 투자자들은 우리은행 측에 강력히 항의했고 결국 우리은행은 콜옵션을 행사하지 않는 대신 남은 기간 금리를 다소 올려주는 선에서 투자자들의 불만을 다독였다.

어음의 진화

어음은 본래 기업의 자금 지급 용도로 개발됐다. 예를 들어 A기업이 B기업에 부품을 공급한 상황에서 B기업이 당장 현금을 주지 않고 3개월 후 대금을 지급하겠다는 증서를 발행해주는 식이다. 이때 증서가 어음이다. 어음의 사용은 계속 줄어드는 추세이다.

2006년 기준 하루 평균 어음 교환 장수는 325만 3,000장으로 2002년 405만 3,000장에 비해 80만 장(20%) 줄어들었다. 하루 평균 교환 금액도 15조 6,542억 원으로 2002년 21조 8,442억 원에 비해 6조 원 이상 줄었다. 어음거래가 정점을 이뤘던 1999년의 하루 교환 금액 32조 5,000억 원과 비교하면 절반도 안 되는 수준이다. 1장당 평균 금액도 1999년 942만 원에서 2006년 438만 원으로 줄었다. 단순히 거래 횟수뿐 아니라 거래 비중도 줄어든 것이다.

이는 주로 대기업이 중소기업에 어음을 발행하면서, 중소기업에 어려움을 준다는 사회적 비판이 일면서 바로 현금으로 결제해주는 대기업이 늘고 있기 때문이다. 여기에 기업구매카드를 이용해 구매액을 카드로 결제하는 경우도 늘고 있다. 또 어음을 발행한 기업이 파산하는 일이

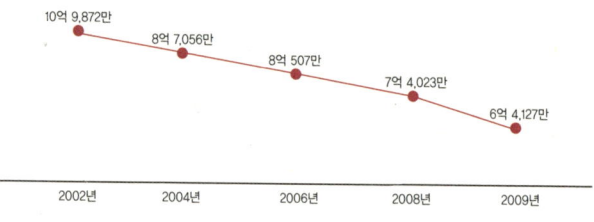

[그림 4-2] **급감하는 어음 거래 규모**
*자료: 한국은행

늘면서 어음을 받느니 거래를 포기하는 사례도 있다.

3개월 후 결제를 약속받고 어음을 받았는데 이 사이 기업이 파산해 어음이 부도나면 대금을 받을 수 없다. 이 같은 일을 염려해 어음을 받지 않으려는 기업이 많다. 여기서 '부도'란 표현은 어음, 채권, 수표 등 발행 주체가 파산하면서 권면에 쓰인 금액을 상환받지 못하는 상황을 의미한다. 파산한 기업의 남은 재산을 팔아 일부를 상환받을 수 있지만 그럴 가능성은 높지 않다.

어음 자체는 사용이 줄고 있지만 새로운 형태로 진화하면서 사용되기도 한다. 대표적인 것이 기업어음(Commercial Paper; CP)이다. 보통 어음은 특정 거래 관계를 기반으로 발행되지만 순수하게 자금 조달 목적으로 발행되기도 한다. 이를 기업어음이라 한다. 앞서 거래 대금 지급 용도로 발행되는 보통의 어음은 '진성어음'으로 구분해 부르기도 한다.

기업어음의 기본 개념은 회사채와 비슷하다. 다만 기업어음은 회사채보다 만기가 짧다. 이에 회사채가 장기로 거액의 자금을 조달하기 위해 발행되는 반면 기업어음은 단기로 소액의 자금을 조달하는 목적으로 발행된다.

CP는 보통 담보 없이 발행되지만 담보가 있는 경우도 있다. 이를 ABCP(Asset Backed CP)라 한다. ABCP가 부도나면 담보가 된 자산에 대한 소유권을 이전받는다. 회사채를 담보로 한 ABCP를 구입했는데 이것이 부도나면 회사채에 대해 소유권을 갖는 식이다. 최근에는 PF ABCP가 문제를 일으킨 바 있다. 이는 앞서 설명한 프로젝트 파이낸싱(PF)과 관련된 것으로 사업자는 프로젝트를 하면서 PF 대출을 받을 수 있지만 자산을 근거로 기업어음을 발행해 자금을 조달할 수도 있다. 이처럼 프로젝트 사업자가 토지 등 프로젝트 자산을 근거로 발행하는 CP를 PF ABCP라 한다.

채권의 진화가 금융위기를 불러온 이유
– MBS, ABS, CDO, 대출·예금의 진화

   금융의 기본은 돈을 빌리고 빌려주는 시스템이다. 이를 위한 채권, 대출도 많은 변화를 겪어왔다. 또한 변화에는 왜곡도 많았다. 그리고 글로벌 금융위기의 한 원인이 되기도 했다. 어떤 경로로 발전하면서 금융시장에 충격을 줬는지 살펴보자.

채권의 진화

   진화된 채권의 대표주자는 '주택담보부채권(Mortgage Backed Securities; MBS)'이다. 은행이 A에게 주택담보대출을 해준다고 하자. 이를 위해서는 은행이 예금 유치 등을 통해 끌어들인 돈을 써야 한다. 그런데 재원에 한계가 있어 충분한 대출을 해줄 수 없다.

이때 은행이 A에게 대출을 해주기 위해 채권을 발행했다고 하자. 1억 원 대출을 위해 1,000만 원짜리 채권을 10장 발행하는 식이다. 투자자가 이 채권을 구입하면 돈이 은행으로 들어오고 은행은 이를 모아 A에게 대출을 해줄 수 있다. 이렇게 발행되는 채권을 MBS라 한다. 은행은 A로부터 대출금리를 받은 뒤 이 가운데 일부를 MBS 이자로 지급하고 나머지를 자신의 수익으로 삼는다.

만일 A가 대출을 갚지 못하게 되면 은행은 A가 보유한 주택을 팔아 이 돈을 채권 구입자에게 돌려준다. 또 은행에 사정이 생겨 은행이 자금을 돌려주지 못할 상황에 처하면, 채권 구매자는 은행이 A에게 갖고 있는 대출 상환 권리를 대신 행사할 수 있다. 즉 MBS는 누군가에게 돈을 빌려주기 위해 발행하는 채권이고 대출 상환 권리를 담보로 발행된 채권이라 이해하면 된다.

자산담보부채권(Asset Backed Securities; ABS)도 있다. ABS는 MBS보다 넓은 개념이다. 10억 원짜리 토지를 갖고 있는 기업이 있는데, 이 기업이 당장 현금이 필요해졌다고 하자. 그럼 기업은 토지를 팔아 현금을 마련하거나 토지를 담보로 대출을 받아야 한다. 그런데 토지 매각은 매수 주체를 찾아야 하는 등 과정이 번거롭고, 대출은 은행의 까다로운 심사를 거쳐야 한다.

이때 기업이 은행을 통해 10억 원짜리 토지를 근거로 1억 원짜리 채권 10장을 발행했다고 하자. 투자자가 이를 구입하면 채권 구매대금이 은행을 거쳐 기업으로 흘러들어 가는 대신 구매액만큼의 토지 '실질' 소유권이 구매자로 이전된다. 1억 원짜리 채권 1장을 구입한 사람이 10억 원짜리 토지에 대해 1/10만큼의 소유권을 행사하는 식이다. 기업은 채권 구매자에 정기적으로 이자를 지급하며 만기 상환 시 소유권은 다시 기업으로 넘어온다.

다만 실질 소유권을 갖게 됐다고 해서 채권 구매자가 자산을 마음대로 처분할 수 있는 것은 아니다. 채권 상환을 받지 못하는 경우에만 담보가 된 자산의 소유권을 행사할 수 있다. MBS는 ABS 가운데 주택 대출을 저당으로 하는 채권을 특정해 부르는 용어로 이해하면 된다.

ABS는 담보 자산을 팔지 않고도 현금을 마련할 수 있다는 점에서 무척 매력적이다. 또 현금이 전혀 없는 상황에서 자산 취득을 전제로 ABS를 발행하고 이를 통해 자산을 구매한 뒤, 자산을 운용해 ABS 지급 이자 이상의 수익을 냄으로써 이익을 볼 수도 있다.

부채담보부채권(Collateralized Debt Obligation; CDO)도 있다. 이는 무척 흥미로운 상품이다. A, B, C 등 3곳의 기업이 있다고 가정하자. 3곳의 기업이 각기 1억 원어치 회사채를 발행하면 각자 신용도가 달라 금리가 달리 적용되고 어려운 기업의 채권은 아무도 사려 하지 않아 판매에 실패할 수 있다.

이때 은행이 나서면 상황을 반전시킬 수 있다. A, B, C가 발행한 회사채를 은행이 구입해주는 것이다. 그런데 여기에는 한계가 있다. 은행의 자금이 충분치 않아 구입하는 데 제한이 있기 때문이다. 또 상황이 좋지 않은 기업의 회사채는 은행 역시 구입을 꺼린다.

이를 위해 개발된 것이 CDO이다. 은행이 A, B, C가 발행한 채권 구입을 위해 총 3억 원어치 채권을 발행하는 것이다. 이를테면 1,000만 원짜리 채권을 30장 발행하는 식이다. 이렇게 채권이 판매돼 은행으로 3억 원이 들어오면 은행은 이를 A, B, C가 발행한 회사채 구입에 사용한다.

이때 은행이 발행하는 채권을 CDO라 하고 CDO 구입자가 지급한 돈은 결과적으로 은행을 거쳐 회사채를 발행한 A, B, C로 흘러들어 간다. 이를 한마디로 표현하면 A, B, C가 발행한 채권을 뒤섞어 전혀 새로운 채권을 만들어 판매하는 것이라 할 수 있다. 여러 재료를 비벼 비빔밥을 만든 뒤 여러 사람에게 조금씩 돈을 받고 한 숟가락씩 파는 것과 유사하다.

CDO 구입자는 자신의 돈이 어떤 기업에게 흘러들어 가는지 알 수 없고 단지 은행의 신용을 믿고 해당 채권을 구입하며 이때 투입하는 돈은 은행을 거쳐 기업들에게 흘러들어 간다. 이후 A, B, C가 각기 이자를 은행에 지급하면 은행은 일정 수수료를 뗀 뒤 이를 CDO 구입자에 나눠준다.

CDO에는 회사채뿐 아니라 MBS나 ABS도 섞을 수 있다. CDO는 크게 CBO와 CMO로 나뉜다. CBO는 여러 회사채를 섞은 후 발행한 CDO를 의미하며, 이는 새로 발행되는 회사채를 섞은 프라이머리(Primary) CBO와 기존에 발행돼 유통 중인 회사채를 섞은 세컨더리(Secondary) CBO로 구분된다. CMO는 여러 MBS를 섞은 후 발행한 CDO이다. 회사채와 MBS를 섞으면 CDO로 통칭한다.

이 밖에 CLO도 있다. 이는 대출권리를 뒤섞은 후 발행

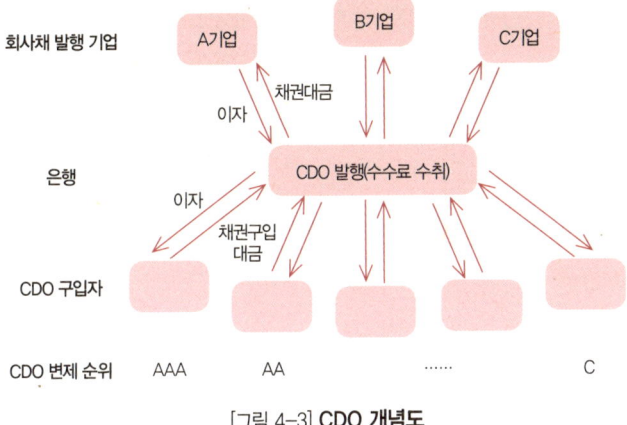

[그림 4-3] **CDO 개념도**

되는 CDO이다. 예를 들어 A은행의 B기업에 대한 대출권리, C은행의 D기업에 대한 대출권리를 섞은 후 CLO를 발행해 이를 누군가 구입하면 해당 금액이 A와 C를 거쳐 B와 D로 흘러들어 가는 식이다.

구조화증권의 위험

MBS, ABS, CDO 등은 구조화증권이라 불린다. 구조를 새롭게 구성해 만든 증권이란 뜻이다. 대부분의 사람들은 '증권'이라고 하면 흔히 주식을 떠올리는데 증권은 주식뿐 아니라 채권, 어음 등 누군가로부터 돈을 받을 수 있는 권리가 담긴 모든 증서를 아우른 표현이다. 구조화증권의 핵심은 유동화에 있다. 유동화란 원래 상태로는 현금 창출 능력이 없는 자산에 현금 창출 능력을 부여하는 것을 의미한다. 10억 원짜리 토지는 팔지 않으면 그 자체로 현금을 만들지 못하지만 이를 근거로 ABS를 발행하면 현금을 만들 수 있다.

이러한 구조화증권은 금융사가 중개 발행하며, 이러한 업무에 특화된 금융사를 유동화 전문회사라 한다. 이들은 기본적으로 아무런 위험 부담을 지지 않는다. 대신 채권을 구입한 사람이 전적으로 책임을 진다.

예를 들어 CDO의 근거가 된 회사채 중 하나가 부도 났다고 하자. 그럼 CDO 전체적으로 손실이 발생한다. 하지만 그 손실은 계약에 따라 은행이 지지 않고 구입자가 진다. MBS나 ABS도 마찬가지이다. 담보 자산의 가격 하락 등을 이유로 주택 구입자나 기업이 돈을 갚지 못하게 되면 그 피해는 은행이 아닌 채권 구입자가 진다. 채권 구입은 보통 공격적인 성향의 금융사들이 한다.

이때 책임 범위는 구입자별로 달라진다. 은행이 채권에 변제 순위를 부여하기 때문이다. 예를 들어 은행이 1,000만 원짜리 CDO 30장을 발행하면서 변제 순위를 1위부터 30위까지로 부여하는 식이다. 보통 변제 순위가 가장 높은 채권은 AAA등급으로 표현되며 다음으로 AA, A, BBB 등으로 나타낸다. 이 같은 상황에서 CDO 근거 회사채 중 일부가 부도나면 AAA등급 CDO 구입자는 아무런 피해를 입지 않는다. 변제 순위가 낮은 사람만 피해를 입기 때문이다. 대신 수익률은 반대인데, 변제 순위가 낮은 채권자는 평소 가장 많은 이자를 받고 AAA등급 채권 구매자는 가장 적은 이자를 받는다.

이러한 시스템은 큰 혁신이었다. 같은 채권이라도 위험 등급에 따라 다른 수익률을 부여한 방식 때문이다. 안전한 투자를 선호하는 사람이라면 등급이 높은 채권을 사고 수익률이 높은 투자를 원하는 사람이라면 등급이 낮은 채권을 사면 됐다.

또 채권을 통한 대출은 '위험 분산'이란 측면에서 대단한 혁신이었다. 은행이 대출을 해줄 때는 떼일 위험이 은행에 집중된다. 즉 대출자가 돈을 갚지 못하면 그 부담은 은행이 진다. 반면 CDO 등이 개발된 이후부터는 채권을 구입한 불특정 다수의 투자자들에게 변제 순위대로 위험을 분산시키는 것이 가능해졌다.

투자자 입장에서도 특정 회사채를 구입하면 해당 회사

가 위험에 빠지면서 투자액 전체를 날릴 수 있는 위험이 뒤따르지만, 여러 회사채가 결합된 CDO를 구입하면 특정 회사가 파산해도 나머지 회사채가 건실하면 손실을 일부에 국한시킬 수 있는 이점이 생긴다. 또 이러한 시스템이 없을 때는 은행에 돈이 별로 없으면 대출에 제한이 있었으나 MBS 등이 개발되면서 이 같은 제한이 사라졌다. 은행들이 엄청난 양의 채권을 발행해 돈을 마련한 뒤 이를 아무에게나 빌려줬기 때문이다.

하지만 이는 곧 큰 위험을 내포하기도 한다. 신용도가 낮아 평소 대출을 받을 수 없었던 기업이나 개인에까지 채권 발행을 통해 돈이 흘러들어 갔기 때문이다.

예를 들어 금융위기의 도화선이 된 '서브프라임채권'은 신용도가 낮은 사람들의 주택 구입을 위해 만들어진 MBS이다. 경기가 침체되면서 이들은 원리금을 상환할 수 없었고 그 피해가 서브프라임채권 구입자들에게 전가되면서 금융위기가 발생했다. 특히 집값이 폭락하여 담보가 된 주택 가치가 대출액 이하로 떨어지자 변제 순위가 높은 채권 구입자들도 큰 피해를 입었다.

금융위기 직전까지 이러한 채권들이 무분별하게 양산되면서 경제 전체적으로 거품을 낳았고 이것이 터지면서 큰 문제가 발생하고 말았다. 영국 런던국제금융센터에 따르면 전 세계 CDO 발행 규모는 2000년 1,500억 달러에서 2007년 12조 달러로 급증했다.

그러는 동안 미국 연방제도준비이사회(FRB) 등 감독당국은 이 같은 문제를 인지해 제대로 지적하지 못하는 감독의 실패가 발생했다. 특히 구조화증권을 발행한 금융사들은 그 자체로 위험을 지지 않지만 구입자들에게 지급 절차를 대행하거나 보증을 해준 경우가 있었고[이 같은 조건으로 발행된 채권을 '커버드본드(Covered Bond)'라 한다. 커버드본드는 안전장치가 설정돼 있고 만기가 길어 일반 ABS보다 금리가 낮다. 주로 주택대출을 늘리려는 은행들이 저금리로 MBS를 발행하기 위해 사용하는 경우가 많았다], 다른 금융사들이 발행한 구조화증권을 매입한 경우도 있었다. 이런 경우에는 큰 손실을 봤다.

즉 MBS가 부도나면 그 피해는 구입자가 지고 지급 의무는 대출을 받은 사람에 있지만, 중간에서 금융사가 지급 절차를 대행하거나 보증을 선 커버드본드의 경우 채권 구입자는 금융사에 지급을 요구했고 금융사가 대출자로부터 돈을 받아 이를 채권 구입자에 돌려주지 못하자 해당 금융사는 파산하고 말았다.

예금·대출의 진화

대출은 크게 담보대출과 신용대출로 구분된다. 담보대출은 말 그대로 빚을 갚지 못하면 대신 제공할 담보가 있는 대출이다. 담보에는 여러 종류가 있다. 주택 담보대출은 주택을 담보로 하고, 부동산 담보대출은 부동산을 담보로 한다. 차량 할부도 일종의 담보대출이다. 먼저 차량을 제공받은 뒤 차 값을 나중에 나눠 갚는 것이 차량 할부의 시스템인데, 할부를 갚지 못하면 차량을 압수당한다는 점에서 일종의 담보대출이라 할 수 있다.

문학 속에서도 발견할 수 있다. 《베니스의 상인》에서 수전노로 그려지는 샤일록은 대출을 갚지 못하면 주인공의 살 1파운드를 떼어가겠다는 조건으로 돈을 빌려주는데 이때의 대출도 '신체'를 담보로 한 담보대출이라 할 수 있다.

신용대출은 담보가 없는 대출이다. 즉 순수하게 대출자가 돈을 갚을 수 있는 능력이 있는지 신용만 살펴보고 돈을 빌려주는 것이 신용대출이다. 많은 사람들이 활용하는 마이너스 통장이 대표적인 신용대출이다. 이때 신용을 평가하는 기준은 연체 기록, 소득, 재산 등이다. 신용이 높을수록 많은 대출을 받을 수 있다. 신용대출은 당연히 담보대출보다 금리가 높다. 돈을 떼일 경우 대신 받을 담보가 없기 때문이다. 또 대출을 받을 수 있는 금액도 소액일 경우가 많다.

다른 형태로 '보증부 대출'이 있다. 이는 대출을 받은 사람이 갚지 못할 경우 보증을 서준 사람이 대신 갚는 형태의 대출이다. 이에 신용대출보다 많은 양의 자금을 상대적으로 낮은 이자에 빌릴 수 있다. 신용보증기금, 기술보증기금 등은 보증에 특화된 기관이다. 보증료를 받고 보증을 서준다.

대출은 이 밖에 개인이 주체가 되어 받느냐, 기업이 주체가 되어 받느냐에 따라 개인대출과 기업대출로 나뉜다. 그리고 빌려주는 주체에 따라 은행 등 제1금융권 대출, 저축은행·보험·카드·리스사 등의 제2금융권 대출, 대부업체·사채업자 등에 의한 사채 등으로 구분된다.

이러한 전통적 방식의 대출에서 최근에는 여러 형태의 대출이 새로 등장했다. PF 대출이 대표적인 예이다. PF는 프로젝트 파이낸싱의 줄임말이다. 이때 프로젝트는 대형 아파트 단지, 신도시 건설, 댐·도로 등 사회간접자본시설(SOC) 등을 의미한다. 이러한 대형 사업에는 사업 주체가 있다. 보통 건설의 제반 사항을 담당하는 '시행사'들이 맡는 경우가 많다. 그리고 실제 건설 업무는 건설사들이 맡는다. PF 대출은 이러한 프로젝트를 맡은 시행사에 프로젝트를 위한 자금을 빌려주는 대출이다. 프로젝트에 참여한 건설사들이 보증을 서는 경우가 대부분이다.

이 밖에 '신디케이트론(Syndicated Loan)'도 있다. 이는 여러 은행이 공동으로 특정 주체에 한꺼번에 대출해주는 것을 의미한다. 국민·우리·신한·하나은행이 각각 1조 원씩을 맡아 총 4조 원을 삼성전자에 대출해주는 식이다. 이때 금리 조건은 모든 은행이 같게 설정한다. 삼성이 각 은행에서 별도로 대출을 받으면 금리가 서로 달라지지만 신디케이트론을 받으면 금리가 같아진다.

이는 거액의 대출을 할 때 자주 이뤄지며 은행들은 대출을 떼일 위험을 나눠지는 효과를 낸다. 신디케이트론을 할 때는 특정 은행이 '차관단'을 구성해 여러 은행에 제안서를 발송하면 관심이 있는 은행들이 참여한 후 공동으로 대출하는 방식으로 이뤄진다.

이 같은 여러 대출을 받은 차입자가 이자를 내지 못하거나 원금을 갚지 못하는 상황에 이르면 해당 대출을 '부실대출'이라 부른다. 은행 입장에서 아무런 수익이 발생하지 않는 여신이란 뜻에서 '무수익여신(Non

Performing Loan)'이라 부르기도 하고, 돈을 받아내는 권리가 부실해졌다는 의미로 '부실채권'으로도 부른다. 부실대출은 은행에 큰 손실이 되며 자산을 감축시킨다. 부실대출이 누적되어 파산하는 은행들도 많다.

예금도 진화를 한다. 예금은 정해진 이자율을 주는 것이 기본이지만 이자율이 변하는 예금도 있다. 주가지수연계예금(Equity Linked Deposit; ELD)이 대표적인 예다. 이 상품은 가입자가 앞으로 주가 흐름을 예측해 배팅을 한 뒤 이 예측이 맞으면 높은 금리를 준다. 주가 상승과 하락 모두에 배팅할 수 있다. 주가 변동률 범위를 정해서 만기 시점 혹은 가입 중에라도 예측이 맞으면 높은 금리를 준다. 하지만 예측이 틀릴 경우 이자를 전혀 받지 못하거나 손해를 봐야 한다. 은행은 가입자로부터 받은 예금의 일부를 주식에 투자해 수익을 낸다.

step 5

금융과 규제

금융 관련 부처는 왜 항상 싸울까?
– 금융 규제 맡는 기관들

 정부는 금융시장 안정을 위해 여러 금융사들을 관리 감독하고 있다. 주요 기관으로 기획재정부, 금융위원회, 금융감독원, 한국은행, 공정거래위원회, 국회 정무위원회 및 재정경제위원회를 들 수 있다.

 간단히 요약하면 기획재정부는 외환 등 국제금융을 담당하고, 금융위원회는 금융 관련 제도 수립을 전담한다. 제도를 기반으로 실제 금융사를 관리 감독하는 일은 금융감독원이 맡는다. 규정을 위반한 금융사에 처벌을 내릴 때는 금융위원회와 금융감독원이 공조를 한다. 금융위원회와 금융감독원을 합쳐 금융감독당국, 줄여서 금융당국 혹은 감독당국이라 부른다.

한국은행은 보다 넓은 시각으로 금융시장을 관찰하다 쏠림 현상 등 위험이 감지되면 경고를 하고 돈의 흐름을 조절한다. 돈이 너무 많이 풀려 있다고 판단되면 금리 인상 등 방법을 통해 거둬들이는 식이다. 이 밖에 기업들의 불공정 행위를 가려내는 공정거래위원회도 담합 등 특정 분야에 대해 신고가 들어올 경우 금융사를 조사해 처벌을 내린다.

또 국회 상임위원회인 정무위원회와 재정경제위원회는 정부가 제출한 각종 금융 관련 법안을 심의해 통과시키며, 스스로 법안을 만들기도 한다.

각 기관들은 공조를 통해 금융시장 안정과 발전을 위해 노력한다. 그런데 금융 안정을 담당하는 기관이 여러

기획재정부 – 외환 등 국제금융
금융위원회 – 금융 관련 제도 수립 및 제재
금융감독원 – 금융사 관리, 감독, 제재
한국은행 – 금융시장 점검, 경고
공정거래위원회 – 불공정 행위 처벌(담합 등 영역 제한)
국회 – 각종 금융 관련 법안 제정, 심의

[그림 5-1] **금융 규제기관과 역할**

개로 쪼개져 있다보니 수시로 권한 다툼이 발생하기도 한다. 이는 금융시장에 큰 부담으로 작용하고 있다.

영원한 맞수, 금융위원회와 금융감독원

권한 다툼이 가장 많은 곳이 금융위원회와 금융감독원이다. 설립 근거상 금융위원회는 정부 조직이다. 위원회란 명칭이 붙은 것은 중요 사항을 여러 명의 금융위원이 모여 의결하는 형태를 띠기 때문이다. 실질적으로는 장관에 준하는 위원장이 대부분의 권한을 갖고 있다.

이에 비해 금융감독원은 법상 민간기관이다. 금융사들이 각자 비용을 부담해 스스로를 감독하기 위해 만든 자율기관이다. 이에 조직원들도 법상 공무원이 아닌 민간인 신분이다.

하지만 금융사를 통제하는 성격이 강조되면서 실질적으로 정부기관 역할을 하고 있다. 이에 금융감독원장 등 조직 내 주요 인사권을 사실상 정부가 갖고 있다. 다만 세금이 투입되지 않는다는 점에서 정부와 다르다.

금융위원회(금융위)와 금융감독원(금감원)의 관계는 형식상 수직 관계이다. 금융위가 각종 법령과 감독 수단을 만들면 이를 토대로 금감원이 감독 실무를 맡는다. 하지만 금융사 입장에서는 실제 자신들을 현장에서 감독하는 금감원이 보다 영향력 있게 느껴진다. 그리고 이는 금감원의 위상을 높이는 결과를 낳고 있다. 따라서 현실에서 금융위와 금감원은 거의 수평적인 관계를 유지하고 있으며 금감원의 수장인 금융감독원장은 장관의 위상을 갖고 있다.

이러한 관계에 따라 양자는 감독권을 놓고 수시로 대결을 벌인다. 대표적인 사례가 2010년 봄이다. 이때 금융위는 금감원장에게 부여된 은행 제재 권한을 모두 금융위로 이관하는 내용의 은행법 개정안을 국회 정무위원회에 상정했다.

현행 은행법은 금융회사 및 그 임직원에 대한 제재를 내릴 때 대부분의 결정을 금감원장이 하도록 하고 있다. 임원에 대한 직무정지나 해임권고, 기관 영업정지 및 인허가 취소 등 사안이 중대할 때 가끔 내려지는 중징계는 금융위원회 의결사항이지만 이를 제외한 문책경고 등 주로 내려지는 제재는 금감원장이 하도록 하고 있다.

금융위는 이러한 체제를 법을 통해 모든 결정을 금융위가 스스로 하는 것으로 바꾸려 했다. 실질적인 영향력을 높이기 위해서였다. 이는 금감원의 권한을 빼앗는 것이므로 금감원은 당연히 반발했다. 그리고 국회 로비 등 각종 수단을 동원해 법 통과를 제지하려고 노력했다. 말썽이 커지자 당시 금융위는 "다른 제재 규정과 상이한 측면이 있어 제재 권한을 일원화하기 위한 노력"이라며 "실무적으로는 시행령을 통해 금감원에 권한을 이양해 이전과 다름없도록 하겠다"고 밝혔다. 하지만 금감원은 이를 받아들이지 않았고 결국 무산시켰다.

당시 금감원은 금융사 검사 및 감독 업무를 수행하는 기관이 제재 권한도 갖고 있어야 감독의 실효성을 높일 수 있다고 주장했다. 금융위는 법을 만들 수 있는 점을 이용해 권한 뺏어오기를 시도했지만 결국 금감원의 기존 권한을 뺏어오는 데는 실패하고 말았다.

이 밖에 금융위는 금융위기 후 취약해진 소비자 권리 보호 강화를 위해 금융소비자보호원 설립을 추진한 일이 있었다. 이에 대해 금감원은 업무 중 일부를 떼어줘야 한다는 점에서 극렬하게 반발했다. 또 내부 조직 개편을 통해 소비자 보호 기능을 스스로 강화하기도 했다. 관련 부서를 강화했으니 별도 조직을 둘 필요가 없다는 주장을 하기 위해서였다. 그러자 금융위는 내부에 소위원회를 두는 형식으로 전환을 시도하는 등 다툼을 벌였다.

때로는 반대 경쟁도 벌어진다. 권한 떠넘기기 경쟁이다. 금융위원회는 2010년 4월 대부업체에 대한 감독권을 지방자치단체에서 금융위로 가져오면서 이를 금감원에 이관시키려고 했다. 고금리를 받는 대부업체를 직접 감독해 부작용을 줄이고, 대부업체가 갖고 있는 서민금융 노하우를 취득해 저축은행에 나눠주기 위해서였다. 그러려면 직접 감독할 필요가 있었다.

하지만 대부업체 감독은 무척 피곤한 일이다. 수시로 각종 사고가 터지기 때문이다. 그러므로 금융위는 이 권한을 금감원으로 넘기려 했다. 실리는 취하면서 부담을 피하려 한 것이다. 그러자 금감원은 감독 인력이 부족하다는 이유로 감독을 거부했고 한동안 떠넘기기 다툼이 벌어졌다.

한국은행과 금감원의 감독권 다툼

금융감독원과 한국은행 간의 권한 다툼도 주요 이슈 중 하나이다. 한국은행은 그동안 숱하게 금융 감독 권한을 갖춰야 한다고 요구해왔다. 하지만 금감원이 이에 대해 저항하면서 번번이 받아들여지지 않았다. 자신의 권한을 나눠가지는 것이기 때문이다. 여기에는 금융위도 동조했다. 자신의 권한도 줄어들기 때문이다. 그러므로 한국은행과 다툴 때는 금융위와 금감원이 힘을 합쳐 공동 전선을 편다.

결국 한국은행에 대한 감독권 부여는 필요성을 인정하는 시각이 많았지만 이해가 첨예하게 대립되면서 결정이 늦춰져왔다. 그러다 금융위기를 계기로 중앙은행의 역할을 강화해야 한다는 지적이 계속 제기되면서 본격적인 논의가 이뤄지고 있다.

전문가들은 대체로 중앙은행의 역할이 강화되어야 한다고 입을 모은다. 위기 상황이 되면 중앙은행의 적극적인 유동성 공급 노력이 필요하다. 발권력이 있는 중앙은행이 플레이어로서 역할을 할 필요가 있는 것이다. 그래야 어려움을 겪는 금융사에 돈이 공급되면서 위기를 해결할 수 있다.

그런데 중앙은행의 목적이 물가안정에 한정되어 있으면 이 같은 역할을 주저하게 된다. 유동성 공급이 물가상승을 유발해 본연의 목적을 저해하기 때문이다. 따라서 전문가들 사이에는 한국은행에 명시적으로 금융안정

기능을 부여해 비상시 적극적으로 유동성 공급에 나서게 해야 한다는 견해가 많다.

물론 물가안정과 금융안정을 동시에 수행하는 것은 모순이 될 수 있다는 지적이 있다. 하지만 통상적으로 금융위기가 발생하면 물가는 큰 문제가 되지 않는다. 따라서 본연의 목적을 크게 저해하지 않는 선에서 금융안정 기능을 수행할 필요가 있다. 일본의 경우 1997년부터 중앙은행에 물가안정과 금융안정 기능을 동시에 부여하고 있다.

이처럼 금융안정 기능을 수행하기 위해서는 감독권이 필요하다. 금융회사들을 감독할 수 있어야 얼마나 유동성이 필요한지 파악할 수 있고, 이에 따라 적절한 유동성을 공급할 수 있기 때문이다. 이렇게 되면 금융안정을 위한 정보 부족 문제를 해결할 수 있다.

여기에 금융시장에 위험요인이 생길 경우 한국은행이 직접 각 금융회사에 시정 조치를 할 수 있는 권한이 필요하다는 견해도 있다. 특정 금융 상품에 대한 쏠림 현상이 생겨 거품 조짐이 있을 경우가 대표적인 예이다. 이 경우 개별 회사 입장에서는 높은 투자 수익률을 좇는 것이 합리적이지만 이는 거시적으로 큰 불안요인이 될 수 있다.

따라서 경제의 큰 흐름을 읽는 중앙은행이 불안요인을 사전에 감지해서 금융회사를 제어해야 한다는 견해가 있다.

또 지급결제 시스템을 유지하고 운영하는 것은 한국은행의 책임인데 여기에 참여하는 금융사들을 감독할 수 없어 안정된 시스템을 유지하기 어렵다는 주장도 있다. 이에 지급결제 시스템 안정을 위한 관련 감독이 필요하다는 견해도 있다.

좁혀지지 않는 양측 주장

물론 반대 의견도 많다. 한국은행은 물가안정에 충실하기 위해 법적으로 정부로부터 독립성을 보장받고 있다. 따라서 경기가 침체되어 금리를 인하하라는 정부 요구가 있더라도 이를 물리칠 수 있다. 하지만 현실에선 독립성이 제대로 보장되지 않으면서 정부 요구에 많이 휘둘리고 있다.

이 같은 상황에서 명시적으로 금융안정 기능까지 부여되면 정부의 출장소로 전락할 우려가 있다. 위기 때 금융안정 기능이 있으니 더욱 적극적으로 금리를 인하하라는 압박을 정부가 한국은행에 하는 식이다. 또 한국은행이 각종 정책 부담을 떠안을 수도 있다. 이렇게 되면 물가안정은 무척 어려워진다.

특히 중앙은행이 전면적인 감독이 아닌 부분적인 감독권을 갖게 되면 사안의 일부만 보고 잘못된 결정을 할 수 있다는 지적도 많다. 물론 전면적인 감독은 더 큰 문제를 몰고올 수 있다. 금융감독원과 기능이 겹쳐 금융회사에 대한 중복 감독이 될 수 있기 때문이다. 따라서 일부이든 전부이든 감독권을 아예 부여해선 안 된다는 시각이 있다.

게다가 한국은행에 감독권이 부여되면 다른 정책 금융기관까지 감독권을 요구하고 나설 수 있다. 이렇게 되면 감독기관이 난립하면서 금융시장은 오히려 혼란스러워질 수 있다. 이 같은 상황은 금융회사들에게 큰 부담이 된다. 같은 사안에 대해 여러 기관으로부터 감독을 받아야 하는 중복 감독 문제가 심각해지는 것이다. 특히 감독권이 분산되어 있던 미국이 금융위기에 대한 반성으로 감독권을 일원화하려는 움직임을 보이고 있는 상황을 감안해야 한다는 주장도 있다.

이 밖에 필요하면 현재도 금융감독원과 공동으로 검사를 할 수 있어 이 정도 권한으로 충분하다는 견해도 많다. 이에 대해 한국은행은 공동 검사는 금감원 역할을 보조하는 데 그쳐 한계가 많다고 주장한다. 또 미국의 경우 중앙은행인 연방준비제도이사회(FRB)에 감독권이 부여되어 있으며, 감독권을 일원화하더라도 FRB의 기능은 축소시키지 않고 오히려 감독권을 FRB로 집중시키려는 움직임이 있다는 주장을 펴기도 한다.

또 감독권이 금감원에 독점되어 있으면 견제세력이 없어 업무를 소홀히 하는 도덕적 해이와 금융사 등 감독을 받는 피감기관과 밀착하는 문제가 발생할 수 있어, 중앙은행에 감독권을 부여해 견제와 균형을 추구해야 한다는 주장도 있다.

결국 중앙은행에 감독권을 부여해야 한다는 주장과 그래선 안 된다는 주장의 간극은 잘 좁혀지지 않고 있다. 이에 대해 절충안이 있다. 평시에는 금융 감독 기능을 전담하는 금융감독원과 공동 검사를 하고 위기가 발생하면 제한적으로 단독 검사권을 갖는 것이다. 특히 위기 때 긴급 유동성을 공급한 금융기관에 대해서는 단독 조사할 수 있어야 한다는 견해가 많다. 일본은 '신용질서 유지'에 필요하다고 인정될 경우 중앙은행이 조사할 수 있도록 하고 있다.

또 금융감독원과 금융정보 공유를 늘려야 한다는 견해도 있다. 금감원이 평소 금융기관을 감독하면서 얻은 정보를 한국은행과 100% 공유할 수 있어야 한다는 것이다. 현재도 공유는 이뤄지고 있지만 핵심정보는 공유되지 않고 있다. 이와 함께 금융회사에 대한 자료 제출 요구권이 있어야 한다는 시각도 있다. 이렇게 하면 대대적인 감독원을 부여하지 않고도 금융 안정을 기할 수 있다는 것이 절충론의 주장이다.

사실 한국은행은 금융감독권을 갖고 있었다. 산하에 은행감독권을 두면서 은행을 감독했다. 하지만 1990년대 후반 정부가 이 은행감독원을 증권감독원, 보험감독원 등 권역별로 나뉘어 있던 감독 기관과 합쳐 금융감독원을 만들면서 감독권을 뺏겼다.

대신 한국은행은 금리 결정에 있어 명부상 정부 간섭을 받지 않는 독립성을 얻었지만 감독권 보유에 대한 향수가 짙다. 특히 금리를 결정하는 금융통화위원회에 기획재정부 차관이 참석해 정부 입장을 밝히는 등 직간접 영향력을 행사하고 있어 독립성조차 제대로 지켜지지 않는 상황이라 감독권에 대한 열망은 매우 크다. 이에 금감원 설립 이후 시중 은행들과 함께 금감원 운영비를 내온 한국은행이 2010년에는 금감원을 견제하기 위해 운영비 지급을 거부하는 등 곳곳에서 갈등이 벌어지고 있다.

금융당국과 기획재정부-국회의 갈등

이 밖에 금융위원회와 기획재정부 간 갈등도 있다. 원래 금융정책 수립 기능은 기획재정부의 전신인 재정경제부에 있었다. 하지만 이명박 정부가 출범하면서 재정경제부가 기획재정부로 바뀌면서 국제금융 기능만 남기고 나머지 금융정책 기능은 감독 관련 규정만 만들던 금융감독위원회로 넘어갔다. 금감위는 금융발전 등 금융과 관련한 종합 정책기관으로 거듭나면서 이름도 금융위원회로 바꿨다. 이에 기획재정부 역시 금융 정책에 대한 향수가 짙어, 수시로 금융위에 참견을 하는 등 권한 다툼이 벌어지고 있다.

이에 대해 정책 기능을 넘긴 자체에 문제가 많다는 지적이 있다. 국내금융과 국제금융이 분리할 수 있는 성질의 것이 아니기 때문이다. 예를 들어 국내 은행이 무분별한 외화 차입을 실시하고 있다고 하자. 이에 따라 외화 차입이 늘면 추후 한꺼번에 외화가 유출되면서 국내 경제를 어렵게 할 수 있다. 이를 미연에 방지하기 위해서는 외환시장을 조율하면서 국내 은행들을 적절히 통제해야 한다. 하지만 국내금융을 맡고 있는 곳과 국제금융을 맡고 있는 곳이 다르면 이 같은 조율은 어렵다. 이에 정책에 문제가 많다는 지적이 나오고 있다.

이 밖에 공정거래위원회가 금융사들의 불공정 거래를 조사한다는 이유로 금융사들을 압박하면 금감원이 반발을 하고, 금융위가 금융소비자원을 만들려고 하자 소비자 업무를 전담하는 한국소비자원을 산하에 둔 공정위가 반발하는 등 정부 기관간 갈등이 지속되고 있다.

국회 정무위원회와 재정경제위원회는 이러한 권한 다툼을 제어하는 기능을 맡고 있지만 국회의원들이 모여 있는 특성상 오히려 스스로 다툼을 벌이기도 한다. 한국은행에 대한 감독권 부여를 놓고 금융위원회와 금융감독원을 관할하는 정무위원회가 극렬하게 반발하는 반면, 한국은행을 관할하는 재정경제위원회는 적극 찬성하는 식이다. 자신들이 관할하는 기관의 힘이 세져야 스스로의 위상도 올라가는 상황이라 국회도 기관 다툼에 휘말릴 때가 많다. 결국 권한 다툼을 조절하는 것은 쉬운 일이 아니다.

골드만삭스의 투자자 모집이 사기?
– 금융사고와 징계

　금융사들은 자주 사고를 일으킨다. 그리고 이는 투자자들의 손실로 이어진다. 금융사들이 투자자를 속이고 스스로 이익을 위해 범법 행위를 하면 이를 다스리는 것은 검찰의 영역이다. 그런데 꼭 범법 행위는 아니더라도 금융사 스스로 건전성을 해치거나 금융시장을 교란시키는 행위도 있다. 이에 대해서는 금융위원회와 금융감독원이 제재를 내린다. 금융시장 안정을 위해서이다. 하지만 이러한 처벌에 대해 경계가 모호해질 때가 많다.

골드만삭스의 사기

 우선 외국 사례를 보자. 미국 내 증권사, 투자은행 등의 감독을 전담하는 기관인 미국 증권거래위원회(SEC)는 2010년 4월 골드만삭스를 사기혐의로 검찰에 고발했다.

 당시 기소 내용을 보면 골드만삭스는 금융위기 전 새로운 형태의 파생금융상품을 만들었다. CDO를 기반으로 CDO 가치가 오르면 투자자들에게 이익을 나눠주는 상품이었다. 이에 대해 투자자들은 골드만삭스가 CDO에 투자해 이익이 나면 돌려주는 상품으로 생각해서 많은 투자를 했다.

 그런데 실제 상품 구조는 그렇지 않았다. 해당 상품은 일종의 내기와 같았다. 내기 주체는 골드만삭스 주선으로 해당 상품 설계 및 마케팅에 참여한 폴슨 앤 코(Paulson & Co.)라는 헤지펀드였다. 내기는 간단했다. 상품에는 가격 하락 가능성이 매우 큰 CDO들이 포함되어 있었다. 폴슨 앤 코는 해당 상품 설계에는 참여하면서 정작 투자는 전혀 하지 않았다. 그러면서 폴슨 앤 코는 금융시장에서 다른 금융사를 상대로 해당 상품이 포함된 CDO 가격이 하락하는 데에 돈을 걸었다. 이에 해당 상품은 폴슨 앤 코의 이익과 투자자의 이익이 전혀 상반되어 있었다. CDO 가격이 오르면 투자자들은 이익을 보지만 폴슨 앤 코는 내기에서 져 돈을 잃고, CDO 가격이 내려가면 폴슨 앤 코는 내기에서 이겨 돈을 벌지만 투자자들은 손실을 보는 식이다.

상품 판매 이후 2007년부터 미국 주택시장이 침체를 겪으면서 폴슨 앤 코의 예상대로 CDO 가치는 하락했다. 이에 따라 2008년까지 투자자들이 10억 달러의 손실을 본 반면, 폴슨 앤 코는 내기에서 이겨 10억 달러를 벌었다. 그 과정에서 골드만삭스는 폴슨 앤 코와 투자자로부터 수수료 명목으로 1,500만 달러를 받아 챙겼다. 자신은 아무런 위험 부담을 지지 않으면서 폴슨 앤 코와 함께 상품을 만들어 돈을 번 것이다.

문제는 상품 구조를 투자자들에게 전혀 알리지 않았다는 데 있었다. 이에 투자자들은 CDO에 투자해 이익을 내는 상품으로 생각했을 뿐, 헤지펀드가 자신이 가입한 상품을 기초로 내기를 벌이는 줄은 모르고 있었다. 또 투자자들은 폴슨 앤 코가 그들과 함께 투자한 것으로 믿었다. 골드만삭스가 상품을 독립적인 회사가 설계했다고 설명했기 때문이다.

이 상황에서 투자자들에게 엄청난 손해가 발생했고 이

에 대해 SEC는 골드만삭스가 투자자를 속여 투자금을 모집했다고 판단해 사기죄로 기소를 했다. SEC는 미국 주택시장이 침체됐던 2006년 후반부터 2007년 초반까지 판매된 금융투자상품 전체에 대한 조사를 벌였고 이는 영국과 독일의 금융감독기관에도 영향을 미쳐 자국 내 유사 사례를 조사하도록 만들었다.

표면상 골드만삭스는 엄청난 사기를 친 것으로 보인다. 또 투자자들끼리 서로 이해가 달라지는 상품을 설계한 점도 문제가 됐다. 하지만 무작정 골드만삭스를 몰아붙이기에는 한계가 많다는 지적도 있었다. 투자자 스스로 투자 상품의 내용을 정확히 알아야 하는데 이 같은 의무를 게을리했다는 것이다. 물론 위험성과 투자자 간 이해 상충 가능성을 알릴 의무가 있는 판매사에 1차적인 책임이 있지만, 특별한 의도 없이 자세하게 설명하지 않은 선에 그쳤다면 사기로 보기는 어렵다는 견해가 많았다. 특히 문제의 투자자들은 나름대로 금융에 대한 이해가 깊은 전문가들이었다. 이에 사실상 내기라는 사실을 알았고 단지 시장 상황이 계속 좋을 것으로 믿고 투자했을 가능성도 있다.

결국 단지 골드만삭스의 명성과 거품이 끓어 오를 대

로 오른 시장 상황만 믿고 투자한 투자자들도 문제가 있다고 할 수 있다. 또 적절히 감독하지 못한 감독기관에도 문제가 있다. 물론 단순히 위험하다는 이유로 파생상품에 대한 사전적 규제를 강화한다거나 상품 개발에까지 간섭하는 것은 문제이지만 적절한 감독은 필요했었다. 이에 미국 금융당국이 자신의 잘못을 도외시한 채 무리한 기소를 했다는 비판도 많았다. 이처럼 금융사에 대한 처벌은 큰 논란을 낳을 때가 많다.

실손의료보험 불완전 판매 논란

국내에서도 비슷한 사례를 찾을 수 있다. 금융감독원은 2010년 1월 2곳의 대형 보험사와 그 CEO들에게 징계를 내렸다. 징계는 실손의료보험 중복 가입 때문이었다. 실손의료보험은 여러 건 가입해도 중복 보상이 되지 않는다. 예를 들어 치료비가 100만 원 나왔다면 가입 보험이 1개건 10개건 보험사로부터 100만 원을 받는다. 가입 보험이 10개라면 10개 사가 10만 원씩 나눠 100만 원을 준다. 그러므로 중복 가입은 손해이다. 여러 보험에 가입해 보험료를 많이 냈다 하더라도 보상액에는 차이가

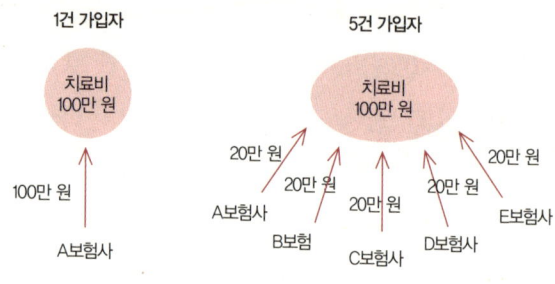

[그림 5-2] **실손의료보험 개념도**

없기 때문이다. 그럼에도 보험사들은 이 사실을 알리지 않고 엄청난 규모의 중복 가입을 받았다. 보상 부담을 줄이면서 보험료 수입을 거둘 수 있기 때문이다.

이것이 큰 문제가 되면서 금융감독원은 검사를 실시했고 이 과정에서 부실 판매 사실이 대거 적발됐고, 이에 대해 금감원은 보험사 CEO들에게 연임을 금지하는 등의 중징계 처분을 내렸다. 이익을 늘리기 위해 소비자들에게 손해를 끼쳤기 때문이다.

그런데 이에 대해 보험사들은 극렬하게 반발했다. 시스템이 발달하지 않아 중복 가입 여부를 찾아내기 어려웠고, 시스템을 만든 후에는 중복 가입을 받지 않았다는 것이다. 이에 따라 관련 징계가 적절했는지 논란이 많았다.

다른 논란도 있다. 금융감독원은 2009년 2조 원 가까운 해외 투자 손실을 본 한 은행에 징계를 내렸고, 2010년에는 2,800억 원의 손실을 낸 한 보험사에 징계를 내렸다. 이때 징계를 받은 보험사는 2002년부터 2008년까지 파생상품 등 해외 투자에 약 8,000억 원을 투입했다가 큰 손실을 냈다.

이 사례는 금융사의 잘못된 결정이 직접적인 소비자 피해로 이어진 경우는 아니다. 하지만 금융사 스스로 건전성을 해쳤다는 이유로 징계가 내려졌다.

이는 많은 논란을 불러 일으켰다. 투자를 해서 수익을 내는 것이 금융사의 존재 이유 중 하나인 상황에서 투자는 항상 성공만 할 수 없다. 언제든 손실이 날 수 있다. 특히 떨어진 주가가 다시 오르듯 금융사의 손실은 여건이 나아지면 회복될 수 있다.

그런데 단지 손실을 봤고 현재 그 금액이 크다고 해서 징계를 내리는 것은 민간 기업의 경영을 지나치게 간섭하는 일이 될 수 있다. 또 저금리로 인해 국내에 투자할 곳이 마땅히 없는 상황에서 해외 투자를 했고, 금융위기로 인해 예상치 못했던 손실이 결과적으로 줄을 이은 상황을 일부는 고려해줘야 한다. 그렇지 않고 손실에 대해 징계가 계속되면 금융사들의 투자 의욕을 꺾을 수 있다. 여기에 징계 대상인 CEO들은 투자 내용에 대해 몰랐고 실무진이 저지른 실책이었다는 해명을 하기도 했다.

이에 대해 금감원은 투자 과정에서 내부 위험관리 기준 등 각종 규정을 위반했고, 이 사실을 사전에 지적했음에도 제대로 시정되지 않았으며, 고객의 돈을 관리하는 회사가 위험하다는 사실을 알면서도 무리한 투자를 했으니 징계가 불가피했다고 설명했다.

특히 금융사들은 금융시장 리스크를 방지하기 위해 금융당국의 감독을 받는 데다, 국민의 돈을 모집해 운용하는 만큼 공기업 성격이 있어 잘못된 투자에 대해서는 조치가 있어야 한다는 설명도 있었다.

결국 찬반양론이 맞서면서 당시 징계는 논란이 계속됐다. 이때 금감원의 징계는 금융위기 상황에서 방만했던 금융사들에게 벌칙을 내려야 한다는 여론 영향이 컸던 측면이 있다. 이에 대해 여론에 떠밀려 무리한 조치가 내려졌다는 비판이 있었다.

이처럼 금융사에 대한 징계는 항상 논란이 벌어지곤 한다. 하지만 금융시장의 건전한 발전을 위해 징계는 불가피하다. 이에 대해 금감원은 여러 차례 "파생상품에 투자했기 때문이 아니라 선량한 관리 의무를 다하지 못한 것이 문제"라며 "투자를 하면서 충분히 주의를 기울이지 않은 것에 대해 분명히 책임져야 한다"고 말해왔다. 어떤 규정이건 위반을 했다면 징계를 통해 확실한 책임을 물어야 한다는 설명이다.

실제로 소비자 이익과 금융사의 건전성 보호를 위해 징계는 반드시 필요한 측면이 있다. 다만 감독당국이 평소 의무를 다하지 못하면서, 문제가 터지면 금융사에 대한 징계로 은근슬쩍 넘어가려는 행태에도 문제가 있는 만큼 끊임없이 스스로에 대해 경계하는 자세가 필요하다.

금융 규제 어떻게 변화할까?
– 서비스업의 비전과 금융 규제

위기 이후 한국에서는 외국 선진 금융기법에 대한 회의가 급격히 확산됐다. 규제가 거의 없는 환경에서 만들어진 선진 금융기법이 문제를 몰고왔고, 이 과정에서 한국이 피해를 입었기 때문이다. 이에 따라 각종 규제 완화를 통해 금융 선진화를 이루려던 정부 정책은 대폭 흔들리고 말았다. 이에 대해 한 전문가는 "금융시장 규제 완화 측면에서 선진국이 10에서 8로 후퇴하는 상황이 닥치자 0에서 5로 가려던 한국이 다시 0으로 돌아가야 하는 상황이 발생했다"며 "금융을 더 이상 제조업을 위한 자금줄이 아닌 자체 산업으로 발전시켜 보려 했지만 한계에 부딪혔다"고 말했다. 앞으로 어떤 상황이 전개될까?

규제의 재등장

금융위기를 계기로 각종 규제가 새로 등장하고 있다. 파생금융상품 사전심의제, 공시 관련 규정 강화, 금융당국에 대한 보고의무 강화 등이 대표적인 예이다. 이를 위해 금융감독원은 파생 등 금융상품을 종합 관할하는 복합금융서비스국을 신설했으며, 금융위원회는 소비자가 금융상품 부실 판매로 피해를 보지 않도록 금융소비자과 신설을 추진 중이다.

국제적으로도 이 같은 조류는 동시에 진행되고 있다. 은행의 위험자산 보유량에 따라 부과금을 매겨 위험 자산 축소를 유도하는 은행세(Bank Levy), 외화 유출입에 따른 외환시장 혼란을 줄이기 위한 외화 유출입 규제 등이 대표적인 예이다. 심지어 국가가 나서서 금융위기의 도화선이 된 금융사에 대해 임직원의 보너스 지급을 규제하고 있기도 하다.

이에 대해 윤증현 기획재정부장관은 "금융 부문의 문제로 인해 경기 침체가 초래됐다"며 "급격한 자본 유출입으로 인한 시장교란 해소를 위해서라도 대형 은행 등 금융 회사에 책임을 지우는 것이 불가피하다"고 명시한 바 있다.

국제적 조류는 금융위기 해결을 위해 선진 20개국이 모인 G20 회의를 통해 구체화되고 있다. G20 산하 금융안정위원회(FSB)의 논의 결과에 따라 각국은 금융 규제를 재설정하고 있다.

이 같은 상황에서 각국은 규제 표준 전쟁을 벌이고 있다. 각국은 위기 이후 세계 금융을 주도할 규제 표준을 자신들에게 유리하도록 만들기 위해 경쟁하고 있다. 미국, 영국, EU, 중국 등이 대표적인 국가이다. 특히 국제 금융산업의 헤게모니를 계속 유지하려는 미국이 가장 적극적이다. 규제를 강화하더라도 미국 경제의 중요한 근간인 금융산업의 지속적인 발전도 계속해서 추구해나갈 예정이다.

이에 대해 금융위기를 상대적으로 잘 견뎌낸 중국, 인도, 호주 등 부상하는 신흥 대국들은 이러한 논의를 견제하며 스스로의 체제가 옳았다는 논리를 펴고 있다. 상대적으로 견고했던 그들의 체제를 선진국이 배워야 한다는 것이다. 이 같은 경쟁에 위기 기간 제 역할을 하지 못했다는 비판을 들은 국제통화기금(IMF) 등 국제기구들도 가세하고 있다. G20 등 논의에 따라 자신들의 영향력이 약화될지도 모르기 때문이다. 앞으로 이 같은 경쟁은 계속 격화될 전망이다.

이러한 세계 각국의 움직임에 대해 한국은 2010년 11월 G20 정상회의를 개최하는 등 중개자를 자처하면서 국제적 논의를 주시하고 있다. 금융당국 관계자는 "규제 수준을 국제적으로 어느 정도 합치시키자는 대의를 따를 것"이라며 "FSB 논의 내용이 앞으로 금융규제의 뼈대가 될 것"이라고 말했다.

이에 대해 금융업계는 감독 강화를 빌미로 규제가 강화되는 점에 대해 심각한 우려를 나타내고 있다. 평소 금융회사의 건전성을 감시하는 감독과, 금융회사들의 영업활동에 각종 제한을 가하는 규제는 엄연히 다르다. 그런데 금융당국은 위기에 과민반응해서 감독을 강화한다는 명분을 들어 각종 규제를 강화하고 있다는 것이 금융업계의 시각이다.

이에 따라 금융회사들은 규제를 회피하는 각종 방법을 찾아내는 '규제 아비트리지(Arbitrage)'를 시도하게 마련이다. 이렇게 되면 규제는 무력해진다. 금융상품 방문판매를 규제하면 길거리 판매를 하는 방법으로 규제를 회피하는 식이다.

이렇게 되면 감독당국의 규제 강화는 효과를 내기 어

렵다. 이보다는 각 협회를 통해 업계 자율 규제를 강화하면서, 신상품 사전 심사를 가급적 자제해 시장 위축을 경계해야 한다는 목소리가 많다. 금융 발전을 위해 지나친 규제를 삼가야 한다는 주장이다.

물론 금융위기는 금융사 스스로 내부 규제를 강화하는 계기가 되기도 했다. 실제로 많은 금융사들이 건전성 제고 등 각종 노력을 내부적으로 펼치고 있다. 위기 상황일수록 소비자의 신뢰를 얻는 것이 생존의 필수조건이 됐기 때문이다. 특히 금융위기를 계기로 투자를 주저하는 사람이 늘면서 금융시장의 권력이 공급자, 즉 금융회사에서 소비자로 서서히 넘어오면서 금융사들의 자체 검열은 갈수록 강도를 더하고 있다. 금융사들이 부쩍 투명성을 강조하는 것은 이 때문이다. 하지만 이 이상 외부로부터의 규제에 대해서는 대부분의 금융사들이 심각한 우려를 표하고 있다.

규제 강화와 감독 강화 사이의 외줄 타기

전문가들은 앞으로 적절한 금융 규제에 대해 신중하게 접근해야 한다고 설명한다. 구조적으로 왜 규제 완화에 따른 혁신의 부작용이 발생했는지 연구해서 시장을 효율적으로 발전시켜야 한다는 설명이다. 규제는 너무 강하면 시장이 위축되고 금융 활동의 외부 이탈이 일어난다. 규제가 심해 근거지를 외국으로 옮기는 것이다. 이렇게 되면 한국 금융은 존립 기반을 잃을 수 있다.

그렇다고 개입이 너무 적으면 사고가 난다. 이에 적절한 수준의 감독 강화가 요구된다. 사고 방지를 위해 거시건전성 감독이 크게 요구된다. 금융 전체적으로 쏠림 현상이 발생해도 개별 회사의 입장에서는 아무런 문제가 없을 수 있다. 쏠림 현상이 발생하는 부분의 수익성이 좋아서 개별 회사 재무제표상으로는 많은 수익을 기록하고 있는 것으로 나타날 수 있기 때문이다. 부동산 가격이 급등할 때 부동산에 투자하면 많은 수익이 발생하는 것과 같은 이치이다.

하지만 시장 전체적으로 보면 이는 큰 문제이다. 쏠림이 거품을 만들기 때문이다. 따라서 시장 전체를 조망하는 거시 감독이 중요하다. 특히 헤지펀드 등이 집단적 행태를 보이는 데 주의해야 한다. 그러므로 감독 강화는 몇 번 강조해도 지나치지 않다.

이와 관련해 금융당국은 금융사들에게 '스트레스 테스

트'를 의무화하고 있다. 이는 경제 위기 상황에서 발생할 수 있는 손실을 예상해 대응책을 마련하는 것을 의미한다. 구체적으로 매년 1회 이상 주가, 금리, 환율 등 금융시장 동향과 경제 환경을 분석하고 이에 기초해서 위기 상황을 가정하고 단계별 대응책을 세운다. 분석 결과는 경영진과 이사회 및 금융당국에 보고해야 한다. 금융당국은 금융사에 대한 정기 평가 때 테스트 결과를 반영할 예정이다.

이 밖에 금융당국은 금융시장 안정을 위한 구조조정 재원이 되는 구조조정기금 설치, 채권시장 안정을 위해 채권을 사고팔 금융안정기금 입법화, 관련 세제지원책 확보 등을 고려하고 있다. 이 과정에서 시스템적으로 중요한 기관에 대해서는 밀착 감시가 이뤄질 전망이다.

4대 은행(국민·신한·우리·하나은행), 4대 보험사(삼성·교보·대한생명, 삼성화재) 중 한 곳이라도 어려움을 겪으면 시장에 큰 충격을 줄 수 있으니 자주 검사해 위험 요인을 사전에 억제하는 것이다. 이에 따라 금융감독원은 주요 금융사를 매년 검사하겠다고 발표하기도 했다.

결국 규제 완화와 감독 강화 사이의 중용이 중요한데 이는 말처럼 쉬운 일이 아니다. 중요한 것은 모든 발전에는 리스크가 따른다는 점이다. 특히 위기가 발생하긴 했지만 세계 경제가 성장해 오기까지 현 금융시스템은 많은 기여를 했다.

이에 따라 미국에선 금융위기가 점차 수그러들면서 각종 규제 강화에 제동이 걸리고 있다. 은행이 상업은행 업무와 투자은행 업무를 겸영할 수 없도록 규제하는 '볼커 룰(Volcker Rule)' 도입이 잠정 보류된 것이 대표적인 예이다. 이 영향을 받아 한국에서도 금융 발전을 위해 지나친 규제 강화는 없어야 한다는 시각이 힘을 얻고 있는 상황이다.

금융당국 관계자는 "금융위기로 인해 일시적으로 금융규제를 강화해야 한다는 목소리가 설득력을 얻을 수 있겠지만 금융산업을 새로운 먹거리 산업으로 육성해야 한다는 기본 입장은 여전히 유효하다"며 "FSB 논의도 한국 실정에 맞게 적용할 것"이라고 말했다.

물론 금융위기 당시 잘못된 경영으로 정부에 손을 내밀었던 금융사들이 위기가 어느 정도 진정되자 규제 완화 운운하는 것은 "물에 빠진 사람 구해냈더니 보따리 내놓으란 것과 같다"는 비판도 있다.

어찌 됐든 전반적인 분위기상 매우 강한 규제는 도입

되지 않을 것으로 보인다. 다만 소비자 중심의 규제는 적극 도입될 전망이다. 울타리를 만들고 지붕을 치는 형태의 규제는 금융사들이 어떻게 해서든 뚫는다. 하지만 소비자들이 금융사를 직접 감시할 수 있는 체제를 도입하면 시장 원리에 의해 감독이 강화되는 효과가 발생한다. 이를 위해 금융상품을 구매할 때 반드시 약관을 말로 설명하라는 등 규제가 도입될 예정이다. 앞으로 소비자들이 감시할 수 있는 체제가 도입되면 금융시장 왜곡이 많이 시정될 수 있을 것으로 보인다. 최근 한국의 금융 감독 흐름도 이 같은 추세에 맞춰지고 있다.

금산분리와 금융

이와 관련해서 반드시 살펴봐야 할 것 중 하나가 금산분리이다. 금산분리의 정신은 간단하다. 기업이 은행을 소유하면 은행 자금을 기업 마음대로 처분하면서 은행을 위기로 빠트릴 수 있고, 반대로 은행이 기업을 소유하면 해당 기업에만 무분별하게 자금을 지원할 수 있다. 이렇게 되면 다른 기업들은 자금을 구하기 어려워 피해를 보게 된다. 이는 금융시장 안정과 국가 경제에 큰 독이 될 수 있다. 따라서 정부는 금산분리 원칙에 따라 기업과 은행의 밀접한 관계를 철저히 제한하고 있다.

하지만 이는 지나친 규제가 될 소지도 안고 있다. 은행이 발전하려면 여러 투자자로부터 많은 돈을 끌어 모아야 한다. 이를 통해 자기자본을 충분히 확보할 수 있어야 투자를 활발히 할 수 있고 경쟁력을 키울 수 있다.

그리고 정부는 우리금융, 산은금융, 기업은행 등 정부 소유 은행의 민영화 작업을 진행 중인데 지분 인수 경쟁에 기업이 참가할 수 있어야 이들의 몸값이 올라가면서 높은 값에 은행을 팔아 국고를 늘릴 수 있다. 예전과 달리 기업과 은행을 감시하는 눈이 많아 금산분리 완화의 부작용이 앞으로 커지지 않을 것이란 분위기도 형성되고 있다.

이 같은 필요에 따라 정부는 금산분리 완화를 시행 중이다. 정부는 우선 기업(산업자본)이 은행 지분의 9%까지 가질 수 있도록 했다. 기존에는 4%로 제한되어 있었다. 9% 지분은 은행 소유는 하지 못하되 영향력은 행사할 수 있는 지분이다. 이 정도라면 기업의 은행 소유에 따른 부작용은 최소화하면서 기업이 은행에 투자할 수 있는 유인은 제공할 수 있다.

또 사모펀드(PEF)의 은행 지분 보유 제한을 완화했다. 이러한 사모펀드에는 기업과 금융사가 투자할 수 있으며 이들의 사모펀드 내 지분율이 법정 상한선을 넘지 않으면, 해당 PEF를 산업자본으로 간주하지 않고 은행 지분을 가질 수 있도록 했다.

또 국민연금 등 연기금의 은행 지분 보유 제한을 완화했다. 연기금은 기업 주식 등에 많이 투자하고 있어 일부 기업에 대해서는 주인 노릇을 할 때가 많다. 이 같은 국민연금이 은행 지분을 많이 소유하면 자신이 대주주로 있는 기업에 대출 등을 해주라고 압력을 넣을 수 있어, 연기금의 은행 지분 소유에 제한을 둬왔다.

- 산업자본(기업)의 은행 주식 보유한도 상향(4%→9%)
- 기업이 PEF에 출자한 경우, PEF가 산업자본으로 간주되는 기준 완화(10%→18%)
  즉, 기업이 18% 이하로 지분을 가진 PEF는 산업자본으로 간주되지 않음.
- 공적연금은 내부 이해상충 방지 기능 갖춘 경우 산업자본으로 보지 않음.

[그림 5-3] **금산분리 규제 완화 주요 내용**

하지만 정부는 연기금이 일정 요건을 갖추면 은행 지분을 상당 부분 소유할 수 있도록 하고 있다. 이와 함께 기업 지분을 많이 소유한 외국 자본도 연기금과 같게 대우해주기로 했다. 이를 통해 정부는 은행에 대한 투자가 늘 것으로 기대하고 있다. 이는 은행 발전으로 이어질 수 있다. 하지만 금산분리 완화에는 부작용이 분명히 있는 만큼, 제도 시행 과정에서 신중한 상황 판단이 요구된다.

Seven Days Master Series

step 6

금융안정과 구조조정

은행은 알고보면 지상 최대의 빚쟁이
– 자기자본, 자기자본비율

 금융은 구조적으로 취약한 속성을 지니고 있다. 빌린 돈을 남에게 다시 빌려주는 것을 기본으로 하기 때문이다. 예금을 받은 후 이를 대출하는 과정에서 예금금리는 덜 주고 대출금리는 더 받아 수익을 내는 은행이 대표적인 예이다.

 이 과정에서 금융은 빌려준 돈을 받지 못하거나, 빌린 돈을 갚지 못하게 되면 어려움에 빠진다. 특히 각 금융사들은 거래 관계가 서로 거미줄처럼 얽혀 있어 어느 한 회사만 어려움에 빠져도 시스템적으로 모든 회사들이 어려움에 빠지곤 한다.

 평소에는 겉으로 드러나지 않지만 금융위기가 발생하

면 이 같은 구조는 여실히 드러난다. 서로 돈을 떼고 떼이는 일이 비일비재해지기 때문이다. 이를 해소하기 위해 정부는 금융 구조조정을 실시한다.

자기자본과 자기자본비율

금융 구조조정의 핵심은 '자기자본비율'을 높이는 데 있다. 자기자본비율이란 금융사 자산과 비교한 자기자본의 크기를 나타내는 비율이다. 이를 이해하기 위해 다시 은행 자산-부채의 성격에 대해 상기해보자.

앞에서도 설명했지만 은행은 한마디로 돈을 빌려 남에게 다시 빌려주는 형태로 사업을 한다. 즉 예금, 적금 판매나 채권 발행을 통해 돈을 확보한 뒤 이를 다시 빌려주는 과정을 통해 수익을 낸다.

이 같은 구조는 근본적으로 불안요소를 갖고 있다. 대출을 떼이면 은행 스스로 예금, 적금 등을 통해 빌린 돈을 갚을 수 없어 파산 위기에 처할 수 있기 때문이다. 예를 들어 A은행이 총 100억 원의 예금을 받아 이를 여러 명에게 빌려줬는데 10억 원의 대출을 떼이는 상황이다. 불과 10%를 떼였다고 생각할 수 있겠지만 이 같은 피해는 예금자 전체에게 돌아갈 수 있다. 그러면 예금자들은 피해를 입기 전에 먼저 전체 예금을 돌려받기 위해 너도 나도 이 은행으로 달려가 예금을 돌려달라고 요구하게 된다. A은행이 이에 응하기 위해서는 대출을 회수해 돌려줘야 한다. 하지만 당장 대출 회수는 어렵고 결국 은행은 인출 요구에 응하지 못해 파산할 수 있다.

이 같은 상황을 막기 위해 등장한 것이 자기자본규제이다. 은행은 무조건 돈을 빌려 영업하는 것이 아니다. 자기 돈도 갖고 있어야 한다. 이를 자기자본이라 한다. 예를 들어 1억 원의 자기자본을 가진 상황에서 9억 원을 빌려 총 10억 원을 만든 뒤 이를 대출 등으로 운용하는 형태로 사업을 한다.

이때 1억 원의 자기자본과 전체 보유 자산 10억 원의 비율을 자기자본비율이라 한다. 금융당국은 평소 이 비율이 일정 수준 이상을 기록하도록 강제하는데, 이를 자기자본비율 규제라 한다.

가장 기본적인 규제 방식은 국제결제은행(BIS) 기준 자기자본비율이다. BIS는 자산 대비 자기자본의 비율이 8%를 넘을 것을 권고하고 있다. 즉 은행 자산 가운데 최소 8% 이상은 남에게 빌린 돈이 아닌 자기 돈에서 나온

자산으로 갖고 있으라는 이야기이다.

한국 금융당국은 여기서 한 발 더 나가 비율을 최소 10% 이상으로 유지할 것을 강제하고 있다. 자산 10억 원 가운데 1억 원 이상은 자기 돈으로 형성한 자산으로 구성하란 의미이다. 자기자본비율은 간편하게 BIS비율이라 부르기도 한다.

금융위기가 발생하면서 이 같은 조치는 더욱 강화됐다. 자기자본비율을 12% 이상으로 유지하라고 각 은행들에게 권고한 것이다. 이 조치의 가장 큰 목적은 은행 자본 건전성 강화에 있다. 즉 은행이 자기자본을 보다 많이 가지도록 함으로써 은행이 파산 위험에 처하지 않도록 한 것이다.

예를 들어 10억 원의 자산 가운데 9억 5,000만 원이 빌린 돈이고 자기자본은 5,000만 원에 불과하다고 하자. 자산은 모두 누군가에게 다시 대출해준 상황이다. 이 같은 상황에서 1억 원의 대출을 떼이면 큰 위기를 겪을 수 있다. 자기 돈 5,000만 원은 물론 빌린 5,000만 원까지 날려야 하기 때문이다. 하지만 자기자본이 1억 원 이상이면 1억 원을 떼여도 자기자본 내에서 처리할 수 있으니 버티는 것이 가능하다. 따라서 금융당국은 자기자본비율을 올림으로써 대출을 떼일 가능성에 대비하도록 했다.

자기자본비율 규제는 은행, 저축은행 등에 적용된다. 예금, 적금 가입이나 채권 구매 등 투자를 할 때 보다 안전한 금융사를 고르기 위해서는 자기자본비율을 유심히 살펴보는 것이 좋다.

이와 함께 ROE, ROA, NIM, 고정이하여신비율 등도 중요한 지표이다. ROE는 자기자본과 비교한 이익률을 의미한다. 자기자본이 10억 원인데 1억 원의 이익을 냈다면 ROE는 10%로 계산된다. ROA는 자산 대비 이익률을 의미한다. 총 자산이 100억 원인데 1억 원의 이익을 냈다면

주식 액면금액	→ 증자(주식 발행)
타 기관 주식 액면금액가	→ 현물출자, 자산재평가
이익잉여금	→ 대손충당금 축소
하이브리드채, 후순위채 등 장기채권 발행액	→ 추가 발행

[그림 6-1] **자기자본과 확충방법**

1%로 계산된다. NIM은 순이자마진을 의미한다. 예금이자율과 대출이자율의 격차가 커 예금-대출 과정을 통해 많은 이익을 낼수록 수치가 올라간다. ROE, ROA, NIM이 높을수록 해당 은행의 이익 창출력이 높다고 평가할 수 있다. 고정이하여신비율은 전체 대출 가운데 떼일 위험이 있는 대출이 어느 정도를 차지하고 있는가를 보여준다. 이는 수치가 낮을수록 건전하다고 본다. 흔히 우량 저축은행인지 확인할 때 '88클럽' 가입 은행인지 확인하는 경우가 많은데 이는 자기자본비율 8% 이상, 고정이하여신비율 8% 이하를 의미한다.

자기자본에도 등급이 있다

자기자본에는 여러 종류가 있다. 우선 이익금이 있다. 은행은 이익이 발생하면 이를 주주 배당, 직원 상여금, 세금 등으로 지출한 뒤 남은 잉여금을 자기자본으로 쌓을 수 있다. 이는 당연히 누구 소유도 아닌 은행 자신의 돈이다.

주식도 있다. 우선 보통주가 있다. 이를 통해 자본금이 들어온다. 이는 주주가 은행 주인이 되는 대가로 은행에 투입한 돈이므로 당연히 은행의 자기자본이다. 또 보통주보다 이익 배당 등에 앞선 권리를 인정받는 우선주가 있다. 이를 통해 들어온 돈도 은행의 자본금을 구성한다. 또 구입자에게 일정 기간 후 되사주기로 약속하는 상환우선주가 있다. 보통의 주식은 한번 자금을 투입해 주주 권리를 갖게 되면 남에게 팔아야 투자금을 회수할 수 있다. 즉 은행이 돌려줄 의무는 없다. 하지만 상환우선주는 기한을 정해 은행이 되사줌으로써 투입 금액을 돌려받을 수 있다.

이 밖에 채권 형태도 있다. 후순위채와 하이브리드채가 대표적인 예이다. 은행 파산 때 은행에 돈을 빌려준 사람들은 은행의 자산을 팔아 나눠 갖는다. 이때 후순위채 보유자들은 주식 보유자들보다는 앞서지만 선순위 권리가 있는 사람들이 나눠 가진 뒤 남은 것이 있어야 받을 수 있다. 남은 것이 없으면 후순위채는 상환받지 못한다. 그러므로 후순위채 구입은 은행 주식을 산 것처럼 위험성이 크다. 또한 후순위채는 이러한 성격에다 만기가 5년 이상으로 길다. 즉 한번 구입하면 5년 동안 상환받지 못한다.

이 같은 이유 때문에 후순위채는 그 액수만큼 은행 자

기자본으로 인정해준다. 상대적으로 오랜 기간 갚을 필요 없이 자기 돈처럼 사용할 수 있으니 자기 돈의 일종으로 인정해주는 것이다. 개인과 비교하면 갚을 의무가 별로 없는, 부모에게 빌린 돈이라 생각하면 된다.

하이브리드채는 여기서 한 발 더 나아간다. 만기가 30년 이상으로 더 길다. 이에 당연히 자기자본으로 인정받는다. 현실에서 하이브리드채는 판매 후 5년 시점에서 은행이 되사들이는 권리(콜옵션)를 붙이는 경우가 많다. 즉 5년 후 은행이 사들임으로써 상환해주는 것이다. 이 같은 권리가 붙는 것은, 은행은 높은 금리를 오랫동안 지급하는 위험에서 벗어나고, 투자자는 자금이 묶이는 위험에서 벗어나기 위해서이다.

후순위채와 하이브리드채는 만기가 긴 데다 은행이 파산할 때 주식에 준할 만큼 상환 가능성이 떨어져 상대적으로 높은 금리가 제공된다. 그러므로 저금리 시대에 각광받는 투자처 중 하나이지만 위험이 클 수 있어 투자에 신중해야 한다.

은행은 이처럼 이익금, 보통주, 우선주, 상환우선주, 후순위채, 하이브리드채 등을 통해 모집한 자금을 '자기자본계정'을 통해 관리한다. 별도로 떼일 위험이 없는 안전

자산에 투입하는 경우가 많다. 자기자본비율은 이 계정에 포함된 금액을 전체 자산으로 나눠서 추산된다. 결국 자기자본으로 인정받기 위해서는 보통주나 우선주처럼 갚을 필요가 없거나, 후순위채 등처럼 갚을 의무가 덜해야 한다. 예금, 적금은 갚을 의무가 강해서 자본이 아닌 부채로 분류된다.

자기자본 가운데 갚을 의무가 거의 없는 이익금, 보통주, 우선주, 하이브리드채를 합쳐 '티어원(Tier 1)', 후순위채 등 갚을 의무가 다소 있는 것은 '티어투(Tier 2)'라고 부른다. 그리고 티어원만 따로 떼어내 자산으로 나눠준 것을 '기본'자기자본비율이라 한다. 이를 별도로 보는 것은 자기자본계정 가운데 갚을 의무가 있는 후순위채보다는, 이익금 등 갚을 의무가 없는 자금이 많은 것이 보다 건전하기 때문이다.

또 후순위채를 발행해 자기자본을 늘리는 것은 상대적으로 용이해 금융당국이 자본 확충을 권고하면 은행들이 여기에만 기대려 할 수 있다. 이를 제어하기 위해 금융당국은 기본자기자본비율이 최소 9% 이상 되어야 한다는 등 규제를 별도로 하고 있다.

이 같은 점을 다시 생각해보면 은행은 사실 자기 돈을

별로 갖지 못하고 있는 것을 알 수 있다. 자기자본비율이 10%라면 자산 가운데 불과 10%만 자기 돈으로 이뤄진 자산이란 뜻이기 때문이다. 나머지는 모두 빌린 돈으로 만든 자산이다. 결국 은행은 알고보면 엄청난 빚쟁이나 다름없다. 하지만 이는 예금자 등으로부터 돈을 빌린 뒤 다시 빌려주는 영업 형태에서 비롯되는 어쩔 수 없는 일이고 이는 간접금융시장에 참가하는 은행의 본분이기도 하다.

은행이 정부 돈을 거부하려 했던 까닭
– 대손충당금, 프리워크아웃

위기 때면 은행들은 자기자본비율이 줄어들게 마련이다. 이익이 줄어드는 상황에서 대출을 떼이는 일이 늘면 이를 자기자본으로 벌충해야 하기 때문이다. 자기자본비율이 줄면 위기 대처 능력이 극도로 떨어지고 시장의 불신을 사면서 최악의 경우 파산할 수도 있다. 이를 막기 위해 은행은 자체적으로 많은 노력을 하고 정부도 금융시장 교란을 막기 위해 후선에서 여러 도움을 준다.

자기자본을 늘리거나 자산을 줄여라

자기자본 확충, 즉 자본금을 늘리기 위해서는 여러 방

법이 있다. 가장 간편한 방법으로 주식을 추가로 발행하면 된다. 우선주 등 주식을 발행하면 그 대가로 현금이 들어오는데 이를 자기자본계정에 쌓을 수 있다. 위기 상황이라 발행 주식을 사줄 사람이 없다면 정부가 사주는 경우가 많다. 이렇게 되면 자본금이 늘어 자기자본비율을 올릴 수 있다.

또 정부의 '현물출자'가 가능하다. 예를 들어 금융위기가 발생하자 정부는 수출입은행에 6,500억 원의 현물출자를 실시했다. 방식은 정부가 보유한 도로공사 등 공기업 주식의 소유권을 수출입은행으로 이관하는 형태였다. 현금출자는 예산이 필요해 국회 동의가 요구되지만, 현물출자는 국회 동의 없이 정부가 자체 실시할 수 있어 자주 활용된다. 받는 입장에서는 현금이 더 좋지만 속도 면에서는 현물출자가 낫다. 이렇게 현물출자를 받으면 주식을 자기자본계정으로 넣은 뒤 시가로 평가해 그만큼 자기자본이 늘었다고 공표할 수 있다. 회계상으로는 특별이익으로 계상된다.

이 밖에 회계상으로 자기자본의 크기를 키울 수도 있다. 자기자본계정을 이용해 구입한 자산의 장부상 가치가 시가보다 낮게 평가된 상황이라면 이를 시가에 맞게

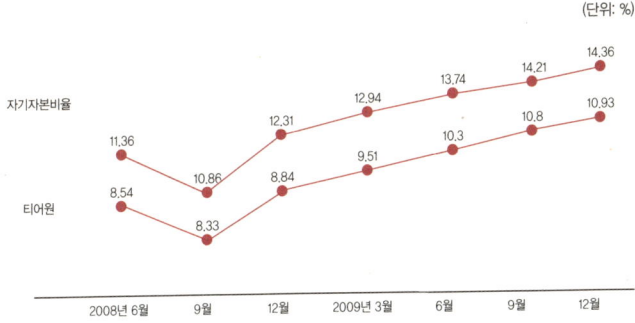

[그림 6-2] **국내 은행 평균 자기자본비율 추이**
＊자료: 금융감독원

높게 평가해주는 것이다. 자기자본계정으로 구입한 다른 회사 주식을 액면가가 아닌 시가로 평가해주는 식이다. 이렇게 하면 자기자본이 장부상으로 커지면서 자기자본비율이 올라간다. 이를 '자산재평가'라 한다.

대손충당금과 자기자본

다음으로 은행이 순이익을 많이 낼 수 있도록 유도하는 방법이 있다. 보다 많은 이익이 자본금으로 편입되면 자기자본이 커지면서 비율을 끌어올릴 수 있다. 이를 위해서는 정부가 은행의 부실채권을 가져가는 대신 그에 상응하는 현금을 지급하거나 부실채권에 대해 신용 보강을 해주면 된다. 여기서 부실채권은 떼일 가능성이 높은 대출을 의미한다.

은행은 부실 채권이 발생하면 쌓아놓은 이익금 가운데 일부를 떼어내 '대손충당금'이란 이름으로 따로 적립해야 한다. 그러므로 대손충당금을 많이 쌓을수록 이익금이 줄면서 자기자본비율도 내려간다. 실무적으로 대손충당금 적립은 이익을 감소시키므로 대차대조표상 손실로 처리된다.

KB금융이 2010년 2분기 2,000억 원대 적자를 기록했는데 이는 1조 원 이상을 대손충당금으로 쌓은 것이 결정적 요인이었다. 당시에는 기업 구조조정이 진행 중이었고 이에 따라 부실대출이 늘면서 막대한 충당금을 쌓아야 했기 때문이다.

대손충당금을 운영하는 것은 예금자들의 예·적금 피해를 막기 위해서이다. 예를 들어 1억 원의 자기자본으로 9억 원을 빌려 10억 원을 만든 뒤 이를 여러 사람에게 빌려줬다가 5,000만 원을 떼일 상황이라고 하자. 은행이 추후 실제 5,000만 원을 떼이면 빌린 9억 원에도 일부 피해를 줄 수 있다.

이를 막기 위해 정부는 은행을 상대로 자기자본 1억

원 가운데 5,000만 원을 따로 적립해두라고 권고한다. 이후 실제 대출을 떼일 경우 피해를 대손충당금에만 집중시키고 손실은 은행만 보게 된다. 은행이 기업을 대신해 스스로 대출을 상환하는 상황이라고 이해하면 된다. 이렇게 하면 예금에는 피해를 주지 않게 된다.

이러한 대손충당금이 늘면 자기자본은 계속 줄고 이에 따라 자기자본비율이 내려가게 된다. 앞선 예에서 자기자본 가운데 5,000만 원을 대손충당금으로 설정해 자기자본이 5,000만 원으로 줄면, BIS비율은 10%(1억 원/10억 원)에서 5%(5,000만 원/10억 원)로 줄게 된다.

그런데 정부가 부실대출을 해결해주면 은행은 자기자본 가운데 일부를 대손충당금으로 따로 쌓을 필요가 없어진다. 이를 위한 대표적인 방법이 정부가 부실채권을 사주는 것이다.

예를 들어 A은행이 B기업에 빌려준 500억 원의 대출이 떼일 위험이 있는 상황에서 정부가 은행에 500억 원(혹은 그보다 약간 적은 돈, 위험이 사라지니 은행은 대출 금액보다 적은 돈을 받아도 응한다)을 주고 대출 권리를 가져가면 은행은 충당금을 쌓을 필요가 없어진다. 사실상 정부가 B기업 대신 A은행에 빌린 돈을 갚아주는 것이다.

추후 정부가 B기업으로부터 대출을 상환받으면 모든 문제는 정리된다.

다시 말해서 친구가 다른 친구에게 100만 원을 빌려준 뒤 떼일 상황에 처했는데 대신 갚아준 뒤 다른 친구로부터 받아내는 상황이라 생각하면 된다. 부실대출 가운데 원리금 상환이 되지 않아 수익이 발생하지 않는 대출은 '무수익 여신(NPL)'이라고도 부른다.

신용보강도 하나의 방법이다. 500억 원의 대출을 사주지 않더라도 정부가 보증을 서주면 은행은 충당금을 쌓을 필요가 없어진다. 보증이 생겼으니 떼이더라도 손실이 없게 되어 충당금을 쌓을 필요가 없어지는 것이다.

이 같은 과정으로 은행이 대손충당금을 쌓을 필요가 없어지면 자기자본 가운데 깎이는 금액이 줄게 된다. 이는 대손충당금 적립 과정에서 대차대조표상 손실이 증가하는 것을 막아, 결과적으로 이익증대와 마찬가지 결과를 낳는다.

이 과정에서 정부는 이른바 '배드뱅크(Bad Bank)'를 만들어 은행으로부터 사들인 부실채권을 이곳으로 집중시키기도 한다. 이후 공격적인 투자자에게 돈을 받고 부실채권을 팔 수 있다. 이때 정부는 부실대출을 원래 금액보다 싸게 판매하고(500억 원 대출을 400억 원에 판매하는 식), 투자자가 적극적인 추심을 통해 부실채권을 모두 회수하면 투자자는 높은 수익률을 기록할 수 있다. 정부는 채권 추심 과정의 불필요한 노력을 줄이면서 은행에 투입한 돈을 빨리 상환받는 효과가 있다.

자산 확대 막는 정부 지원

이 같은 조치는 자산 크기 자체를 줄임으로써 자기자본비율을 끌어올리기도 한다. 은행 입장에서 자산은 클수록 좋다. 우리가 재산이 많을수록 좋은 것과 같다. 그런데 자기자본비율을 계산할 때는 자산이 많은 것이 좋지 않다. 자기자본이 1억 원인데 자산이 10억 원이라면 자기자본비율이 10%지만, 자산이 20억 원으로 늘었는데 자기자본은 1억 원 그대로라면 비율은 5%로 떨어진다. 그러므로 자산이 늘어나는 것이 마냥 반가운 일은 아니다.

특히 자기자본은 그대로인데 자산이 커졌다는 것은 결국 이를 형성하는 과정에서 부채가 늘었다는 뜻이 된다. 이는 은행 건전성에 독으로 작용한다. 집을 한 채 갖고 있다 두 채가 되는 상황에서 대출이 크게 늘어난 상황이라 생각하면 된다. 따라서 금융당국은 은행의 자산 확대를 규제한다.

금융당국은 자기자본비율을 계산하는 과정에서 자산 크기에 여러 형태로 변형을 준다. 예를 들어 A은행에 총 100억 원의 자산이 있고, 이 가운데 10억 원이 자기자본이라고 하자. 그리고 나머지 90억 원의 자산은 기업에 대한 대출 형태로 갖고 있고 이 가운데 20억 원이 떼일 위험이 있다고 하자.

이 은행의 BIS비율을 단순 계산하면 10억 원을 전체 자산 100억 원으로 나눈 10%가 된다. 그런데 현재 체계에서는 조금 다르게 계산된다. 떼일 위험이 있는 20억 원의 대출에 가중치를 부여해 계산토록 하는 것이다.

20억 원에 50%의 가중치를 둔다면 이 자산은 30억 원으로 평가되고, 결국 자기자본비율 계산을 위한 총자산은 자기자본 10억 원, 일반대출 70억 원, 떼일 위험이 있는 대출 30억 원을 합한 110억 원이 된다. 이를 자기자본 10억 원으로 나누면 자기자본비율은 9%로 내려가게 된다. 실제 자산은 그대로이지만 자기자본비율을 계산하기 위한 목적의 자산 크기만 부풀려보는 것이다.

금융당국이 이 같은 규제를 하는 것은 은행이 부실대출을 철저히 관리하도록 하기 위해서이다. 자기자본비율을 올리기 위해서는 계산 과정에서 자산 크기를 최대한 줄여야 하고 이 과정에서 부실대출을 최소화하려는 노력을 할 것이란 예상에서이다.

 앞으로 국제 협약인 '바젤 협약'이 발효되면 부실대출에 대한 가중치는 더욱 강화된다. 은행의 건전성을 강화하겠다는 움직임이다. 바젤 협약이 본격적으로 적용되면 떼일 위험이 상대적으로 큰 중소기업 대출은 더욱 부풀려 계산된다. 개별 대출자의 신용도에 따라 위험 가중치가 달리 적용되기 때문이다. 이는 당연히 중소기업에게 불리하다. 이에 따라 중소기업 대출이 축소될 것이란 우려가 많다.

 또 경기 침체기에는 중소기업뿐 아니라 대기업의 신용위험도가 크게 올라가면서 전체 대출 크기가 부풀려 계산되어, 기업 대출이 전반적으로 크게 위축될 수 있다. 따라서 경기가 나빠지면 대출이 함께 줄어드는 대출의 '경기순응성'이 보다 심화될 수 있다. 이는 경기 침체 폭을 키운다. 반면 경기가 좋을 때는 상대적으로 대출이 활발해질 수 있어 경기 확장 폭을 키울 수 있다. 이에 따라 경기 진폭이 커질 수 있다.

이 같은 상황에서 은행이 자기자본비율을 최대한 끌어올리기 위해서는 부실대출을 최대한 우량대출로 바꿔야 한다. 그래야 자산이 부풀려 계산되지 않으면서 자기자본비율이 내려가는 것을 막을 수 있다. 이를 위해 정부가 부실대출을 매입하거나 일부를 보증해 부실대출 크기를 줄여주면 자기자본비율 계산을 위한 자산 크기가 감소할 수 있다. A은행의 부실대출 20억 원이 30억 원이 아닌 20억 원 그대로 평가되는 식이다.

정부의 반강제 프리워크아웃

결국 정부가 은행의 부실대출을 줄여주면 자기자본 축소를 방지하는 동시에 자산 크기를 줄여 자기자본비율을 대폭 끌어올릴 수 있다. 자기자본비율이 올라가면 은행은 경기 침체로 대출이 부실화되어도 이를 방어할 수 있는 '룸'을 확보하게 되고 결국 은행 파산을 막을 수 있다. 다시 말해 늘려놓은 자기자본으로 떼인 대출을 방어하는 것이다.

정부가 이 같은 방식으로 은행을 지원함으로써 자기

자본비율을 끌어올리는 것을 '은행 프리워크아웃(Pre-workout)'이라 한다. 은행이 아직 위기에 처하지 않았지만 선제적으로 도움을 줌으로써 미리 위험에 대비할 수 있도록 하는 것이다. 정부가 자기 돈을 투입해 도움을 준다는 측면에서 정부가 은행을 일부 국유화하는 조치로도 볼 수 있다. 정부 재원이 투입되는 만큼 정부는 은행에 대한 지분이 생기고 이에 따라 영향력이 커지는 것이다. 이 과정에서 정부는 은행에 인력 감축 등 구조조정을 지시하며 구조개선을 요구하기도 한다.

은행 프리워크아웃은 표면적으로는 은행권 부실에 대한 선제 대책이지만 실제 은행들의 기업 대출 확대 정책에 가까운 측면도 있다. 위기 상황에서 중소기업 대출을 늘리면 일부 대출은 부실화될 수밖에 없다. 어려움에 처한 중소기업들이 위험에 처해 대출을 갚지 못하는 일이 발생하는 것이다. 이렇게 되면 대손충당금 적립이 급증하면서 은행의 자기자본비율은 하락한다.

실제 금융위기가 터지자 자기자본비율 하락을 우려한 은행들이 중소기업 대출에 소극적으로 나선 바 있다. 그러자 정부는 은행 프리워크아웃 정책을 실시해 은행들의 자기자본비율을 기준선 위로 대폭 올려줬다. 그러고는 은행들에게 대출 압박을 가했다. "우리가 지원해 자기자본비율을 충분히 올려놨고 이에 따라 일부 대출을 떼여도 자기자본비율이 기준선 이하로 내려가지 않으니 대출을 늘려도 충분하다"는 압박이었다.

이에 대해 상당수 은행들은 당연히 꺼렸다. 정부 지원으로 자기자본비율이 올라갔다 하더라도 부실대출 발생에 따른 손실 자체가 없어지는 것은 아니기 때문이다. 이에 아직 위기가 표면화되지 않았다는 이유로 정부 지원을 받지 않겠다는 은행들이 줄을 이었다. 정부 지원을 받으면 반대급부로 중소기업 대출을 늘려야 했고 이에 따른 부실대출 발생을 우려한 것이다.

정부 지원으로 자기자본비율이 올라갔다 하더라도 정부로부터 지원은 언젠가는 다시 갚아야 할 빚이다. 이처럼 빚을 얻었다는 이유로 중소기업에 다른 빚을 내주라고 하는 것은 은행들에게는 큰 부담이었고 이에 따라 많은 은행들이 정부 지원을 피하려고 했다. 하지만 정부는 정책 목표를 위해 모든 은행들이 지원을 받도록 강제하다시피 했다.

앞으로 전망

위기 이후 자기자본비율 규제는 경기가 좋을 때 규제 수준을 올려놓고, 경기가 악화될 때는 낮추는 식으로 운영되고 있다. 경기가 좋을 때 올려놓도록 강제하면 대출 대신 자기자본 계정으로 투입되는 돈이 늘면서 무리한 대출 확대를 자제시켜 거품 형성을 막을 수 있다. 반대로 경기가 나쁠 때 비율 규제를 낮춰주면 대출이 필요한 기업에 대출이 좀 더 수월하게 돌아가도록 할 수 있다.

그간 경기가 좋을 때는 대출 경쟁이 일어나면서 자기자본비율이 떨어져왔다. 은행 CEO들은 경기가 좋을 때면 외형 확장을 위해 대출을 키운다. 예·적금 특판 등 차입을 통해 재원을 마련한 뒤 이를 대출해주면 은행 순위의 기준이 되는 자산이 커지기 때문이다.

1억 원을 빌려 1억 원을 대출해주면 부채와 자산 모두 1억 원이지만, 10억 원을 빌려 10억 원을 대출해주면 부채와 자산 모두 10억 원으로 커지는 식이다. 이때 자산 10억 원은 은행 규모 순위를 결정하는 데 기준이 된다. 따라서 은행 CEO들은 가급적 높은 순위를 기록하기 위해 차입을 통한 대출 확대에 나서는 경향이 있다.

이 과정에서 자기자본에 큰 변함이 없는데 자산만 커

지니 자기자본비율은 떨어질 수밖에 없고 이는 위기 때 부담으로 돌아온다. 반면 경기가 나쁠 때는 대출을 자제하면서 자기자본비율이 올라가는 현상이 있었다.

정부는 이러한 흐름을 반대 방향으로 유도하고 있다. 경기가 좋을 때 자기자본비율을 올려놓으면 추후 경기 악화에 대비할 수 있다. 경기가 악화되어 부실대출이 발생하면 늘려놓은 자본금으로 벌충할 수 있기 때문이다.

이를 위해 금융당국은 은행 등 금융기관들에게 정기적으로 '스트레스 테스트'를 해볼 것을 권유하기도 한다. 각종 위기 상황에서 은행의 자기자본비율 등 재무 건전성 지표가 얼마나 악화될지 모의실험을 해보라는 것이다. 테스트 결과 좋지 않은 것으로 나타나면 자본 확충 등 노력을 권유한다.

시장안정펀드의 탈을 쓴 공적자금
– 공적자금, 유사공적자금

 정부는 은행을 구제하기 위해 투입하는 자금을 어떻게 마련할까? 우선 '공적자금'이란 수단이 있다. 공적자금은 말 그대로 국가가 조성해 민간회사를 지원하는 자금이다. 법상 공적자금은 정부산하기관인 예금보험공사와 자산관리공사 등이 정부 지급보증하에 채권을 발행해 조성한 자금이다. 외국에서 도입한 방식으로 퍼블릭펀드(Public Fund)를 우리말로 번역한 것이다.

공적자금

 공적자금이 유동성 위기를 겪고 있는 금융기관에 투입

되면 금융기관은 급한 불을 끄거나 자본 확충에 사용한다. 이 과정에서 '감자'를 통해 기존 주주가 가진 주식의 일부 또는 전부를 아예 없애버리고 은행으로 하여금 새롭게 주식을 발행하도록 하기도 한다. 그러면 정부는 공적자금으로 이 주식을 매입하고 이에 해당하는 금액을 금융기관에 투입한다. 이후 정부는 공적자금 투입액만큼 은행에 대한 지분을 가지면서 금융기관의 주인은 정부로 바뀐다. 우리은행이 대표적인 예이다.

물론 추후 상환받기로 하고 공적자금을 빌려주거나, 부실대출 등 은행의 부실자산을 공적자금으로 '사가는' 형태의 투입도 있다. 이는 금융사의 경영권에 영향을 미치지 않는다. 2010년 정부는 공적자금을 투입해 저축은행의 부실 PF대출을 사간 바 있다. 이를 통해 저축은행들은 부실대출을 처리하면서 현금의 여유를 얻었고, 정부는 시장이 안정되면 부실 PF대출을 건설사 등 돈을 빌려간 쪽에서 돌려받아 자금을 회수할 수 있다.

공적자금 대신 국채를 현물출자하는 경우도 있다. 정부가 현금 대신 국채를 주면 은행은 이를 들고 있다가 유사시 정부나 시장을 통해 현금화할 수 있다. 국채는 안정적이라 언제나 현금화가 가능하다. 정부 입장에서 현금 대신 국채를 주면 따로 현금을 구해야 하는 번거로움을 피할 수 있다. 채권을 준 경우에도 해당 금액만큼 주식을 가질 수 있다. 채권으로 주식을 사는 상황, 혹은 은행 주식과 채권을 교환하는 상황으로 이해하면 된다.

일반적인 상황에서 공적자금 투입은 금융사의 국유화로 이어지고 기존 주주와 금융사의 관계는 완전히 정리된다. 회사를 책임지지 못했으니 기존 권리는 모두 날아가는 것이다. 주주뿐 아니라 금융사와 소속 직원들도 큰 고통을 받는다. 인원 및 지점 정리 등 구조조정, 급여 삭감 등 조치가 취해지는 경우가 많다.

이후 정부는 해당 은행 경영진을 새로 뽑은 뒤 이들과 양해각서(MOU)를 맺고 경영 상황을 정기적으로 점검한다. 전문경영인에게 모든 경영 상황을 일임하되 경영을 잘하고 있는지 감시하는 것이다. 구체적으로 이익 목표 등을 부여한 뒤 이를 지키지 못하면 주의 등 조치를 내린다. 경영이 매우 부진할 경우 급여 삭감, 해임 등 조치가 내려진다.

이에 따라 전문경영인들은 조치를 피하기 위해 가급적 안정된 경영을 하게 된다. 하지만 그러지 못할 경우도 많다. 경영 목표는 그때그때 시장 상황에 맞춰 재설정된

금융사	지원금액	회수금액	추가 회수 가능액 (여전히 정부가 일부 지분 보유 경우)
우리은행	8조 7,374억	3조 9,853억	6조 1,736억
조흥은행	2조 7,170억	4조 3,809억	-
서울은행	4조 9,025억	1조 4,649억	-
제일은행	14조 1,157억	8조 9,694억	-
대한생명	3조 5,500억	1조 2,406억	1조 7,221억

(단위: 원)

[그림 6-3] **주요 공적자금 지원 및 회수현황**
*자료: 공적자금백서

다. 이러한 모든 구체적인 업무는 정부가 직접 하지는 않고 한국자산관리공사(KAMCO)와 예금보험공사가 맡는다. 물론 국유화되기 위해서는 정부의 투입 금액이 많아야 하며 소액이 투입될 때는 일부 지분만 갖고 기존 소유권은 그대로 인정된다. 정부는 금융사가 정상화되면 공적자금 투입 과정에서 보유하게 된 금융사 지분을 팔아 자금을 회수한다.

공적자금이나 다름없는 유사공적자금

공적자금 투입은 어려움을 겪는 금융사나 기업을 정부

가 직접 살린다는 점에서 시장을 정상화시킬 수 있는 가장 확실한 방법이다. 그런데 정부는 공적자금 투입을 가급적 꺼린다. 공적자금이 조성됐다는 자체가 큰 위기가 왔다는 것을 시인하는 일이기 때문이다. 즉 시장 상황이 얼마나 어려우면 정부가 직접 나서겠느냐는 우려가 확산될 수 있다. 이렇게 되면 시장 전체적으로 큰 위기감이 형성될 수 있다. 또 공적자금을 투입해 은행 등을 소유하는 자체가 부담이 될 수 있다.

그러므로 이보다는 은행을 소유하지 않고 다른 방식의 지원을 통해 정상화하는 방법을 찾는다. 그리고 금융회사가 아직 본격적으로 위기를 겪고 있지 않지만 위기를 겪을 것에 대비해 미리 지원을 하는 것이라면 소유권에 영향을 미치는 공적자금 투입은 어울리지 않는다. 따라서 정부는 공적자금을 투입하기에 앞서 다양한 대체 수단을 사용한다.

대표적인 사례가 2009년 KAMCO가 저축은행들이 보유한 부실 프로젝트 파이낸싱(PF) 대출 1조 3,000억 원어치를 사주기로 한 결정이다(앞서 소개한 2010년의 이전 사례). KAMCO 자금이 금융회사에 투입됐다는 점에서 이는 사실상 공적자금이었다. 그런데 정부는 이를 두고 공적자금이 아니라고 주장했다. 그 이유는 발행 요건에 있었다.

해당 자금은 KAMCO가 채권을 발행해서 조달한 자금으로 금융기관을 지원한다는 점에서 공적자금의 요건을 갖췄다. 하지만 이 채권을 정부가 지급보증하지 않았다는 점에서 엄밀한 의미의 공적자금은 아니었다. 즉 KAMCO가 매입한 저축은행 PF 대출이 부실해져 KAMCO 발행 채권을 구입한 사람들이 피해를 보더라도 정부가 이를 보상하지 않는다. 이에 따라 정부는 공적자금으로 볼 수 없다고 주장했다. 공적자금이 되려면 정부가 지급 보증을 했어야 했는데 하지 않았다는 설명이다.

하지만 이는 겉으로 보이는 형식의 문제일 뿐이었다. 만일 실제 KAMCO가 부실해져 KAMCO 발행 채권을 구입한 사람들이 돈을 상환받을 수 없을 지경에 이르렀다고 하자. 정부가 이를 가만히 놔둘리 없다. 정부 산하기관 KAMCO의 파산은 정부의 파산이나 마찬가지이기 때문이다. 결국 명목상 보증하지 않을 뿐 실질적으로 보증하는 것이나 마찬가지이다. 이에 따라 시장은 당시 KAMCO의 정책을 '유사공적자금'이라고 평가했다. 법률상 공적자금은 아니지만 실질적인 공적자금이란 의미이다.

유사공적자금은 이 밖에도 많은 사례가 있다. 대표적인 것이 국민연금의 은행 후순위채 매입이다. 국민연금은 위기가 발생하자 우리·하나 은행의 후순위채 6,000억 원어치를 매수한 바 있다. 은행의 자본 확충을 도와준 것이다. 이에 대해 국민연금은 당시 수익 확대 차원의 성격이었다고 설명했다. 후순위채 금리가 높아 매력적이었다는 설명이다.

하지만 후순위채는 앞서 설명했듯 은행 파산 때 회수가 거의 불가능하다. 그리고 후순위채가 부실해져 국민연금이 상환받지 못하면 그 부담은 결국 국민에게 돌아온다. 국민의 세금으로 위험한 자산을 사들인 것이나 마찬가지인 셈이다. 그러므로 국민연금의 후순위채 매입도 유사공적자금의 일종으로 볼 수 있다.

이 밖에 한국은행과 산업은행이 자금을 출자해 만든 채권안정펀드의 채권 매입도 유사공적자금의 일종으로 볼 수 있다. 정부가 직접 보증하지는 않았지만 정부 유사기관이 채권을 사들여 이 채권을 발행한 금융사에 유동성을 공급했기 때문이다.

'자본확충펀드'도 유사공적자금의 일종이다. 2008년 말 정부는 한국은행, 산업은행 등과 함께 자본을 출자해

20조 원 규모의 '자본확충펀드'를 만들었다. 이를 통해 정부는 시중 은행의 자기자본으로 인정되는 '하이브리드채권', '우선주', '상환우선주', '후순위채' 등을 사들였다. 우리은행의 경우 2조 원이 투입됐다.

유사공적자금은 최종적으로 이를 받은 금융사들이 상환함으로써 해소된다. 후순위채 만기가 다 되어 이를 자본확충펀드로 상환하는 것이 대표적인 예이다. 그러면 펀드는 여기에 자금을 출자한 한국은행과 산업은행에 돈을 돌려줌으로써 그 역할을 다하고 사라진다.

그 전에 자본확충펀드 운영 주체가 보유한 후순위채 등을 제3자에게 매각해 자금을 마련한 뒤 이를 한국은행과 산업은행에 돌려주는 방법도 있다. 이때 펀드는 후순위채를 시가보다는 다소 싼 값에 파는데, 제3자는 높은 이자를 주는 후순위채에 매력을 느끼고 투자 차원에서 사게 된다.

이 같은 해소 방법들은 모든 유사공적자금에 공통적으로 적용된다. 공적자금을 통해 은행 주식을 갖게 된 경우라면 주식을 시장에 내다 팔기 전에는 상환받기 어렵지만, 유사공적자금은 이것이 투입된 금융사가 직접 갚을 수 있어 상환받는 일이 상대적으로 용이하다.

유사공적자금의 부작용

정부가 이처럼 공적자금을 투입하지 않고 유사공적자금에 의존하는 것은 제도적, 실질적 부담 문제 때문이다. 법률상 공적자금을 투입하기 위해서는 해당 금융기관이 부실하다는 판정을 내려야 한다. 판정 기준은 자기자본비율 등이다. 여기에 공적자금이 투입되면 강제적인 경영 개선이 뒤따른다. 이는 해당 기관에 큰 부담이다. 정부가 공개적으로 부실하다고 시장에 확인해주는 것인 데다 경영상 큰 제약이 따르기 때문이다.

부담을 갖는 것은 정부도 마찬가지이다. 공적자금 투입 이후에는 경영을 일일이 챙겨야 하고 추후 자금 회수에 법적 책임을 져야 한다. 특히 투입 자금을 제대로 회수하지 못하면 혈세를 낭비했다는 비난에 직면할 수 있다.

조흥은행의 경우처럼 정상화 작업이 나름대로 순조로워 보유 지분을 비싼 값에 팔아 투입 자금 이상으로 회수하는 경우도 있지만 이런 일은 거의 없다. 실제로 1997년 외환위기 때 투입한 수백조 원의 공적자금 가운데 절반 정도가 아직까지 회수되지 못하고 있다. 이 밖에 공적자금 마련을 위해서는 국회의 동의가 필요한데 이는 쉬운 일이 아니다.

이에 반해 유사공적자금은 공적자금이란 표현 자체가 사용되지 않아 시장 우려를 최소화할 수 있고 법적인 회수 책임이 국가가 아닌 투입 기관에 있어 책임 논란에서도 어느 정도 자유로울 수 있다.

결국 유사공적자금 투입은 어느 정도 불가피한 측면이 많다. 금융권은 이에 대해 "공적자금 투입 기준이 엄격해 아직까지 대상 기관이 많지 않고 투입 사실 자체가 시장 우려로 연결돼 시스템 리스크를 키울 수 있다"며 "정부 노력은 공적자금 투입을 최소화하기 위한 어느 정도 선제 대응 성격이 있다고 말할 수 있다"고 평가한다.

하지만 유사공적자금에 대한 지나친 의존은 잠재 부실을 키울 수 있다. 특별한 경영 간섭이 뒤따르지 않아 지원을 받는 기관의 도덕적 해이를 부추길 수 있기 때문이다. 이에 따라 정부 돈을 맘대로 쓰면서 제대로 구조조정을 하지 않는 금융회사가 나올 수 있다. 또한 지원 과정에서 국회 동의 등 특별한 제약을 받지 않아 무분별한 지원이 이뤄질 수 있고 이는 향후 더 큰 부담으로 작용할 수 있다.

그러므로 부실 우려가 있는 기관에 대해 선제 대응 명목으로 유사공적자금을 사용하기보다 실제로 부실해지면 공적자금 투입과 함께 강제 경영개선 조치를 하는 것이 더 낫다는 지적이 있다. 그래야 돈 낭비를 막을 수 있다는 것이다.

또 전체적인 자금공급 성격을 띠는 유사공적자금에 의존하다보면 개별기관의 부실이 가려지기 쉽다. 공적자금은 부실한 특정 회사에 집중 배정되지만 유사공적자금은 대체로 모든 금융회사에 고루 배분될 경우가 많다. 이렇게 되면 투자자들로선 어떤 기관이 얼마나 어려운지 판별할 수 없다. 공적자금이 투입되면 이를 받은 곳은 부실한 회사, 받지 않은 곳은 괜찮은 회사 같은 식으로 구분할 수 있는데 모든 회사에 유사공적자금이 배정되면 이 같은 구분이 불가능해진다.

이것은 정부가 의도하는 측면도 있다. 특정 회사의 부실이 부각되어 신뢰가 상실되는 것을 막기 위해 시장이 부실 여부를 제대로 관찰할 수 없도록 하려는 것이다. 그러면 뱅크런 등을 통해 부실 회사가 실제 파산하는 것을 막을 수 있다. 이에 따라 금융위기 기간 은행별로 액수의 차이는 있었지만 모든 은행에 자본확충펀드가 투입된 바 있다.

그런데 이는 문제를 근본적으로 해결하는 방식이 아니

다. 유사시 전체적인 뱅크런을 몰고 올 수 있기 때문이다. 어떤 곳이 얼마나 부실한지 모르니 일단 내 돈부터 찾고 보자는 심리가 확산될 수 있는 것이다. 이렇게 되면 건전한 곳까지 피해를 입는다. 한편으로는 자금 투입 없이 생존할 수 있는 기관에까지 자금이 공급되면서 선택과 집중이 되지 않을 위험이 있다. 즉 어려운 회사에 자금이 집중 배정되어야 하는데 그렇지 못하면서 부실을 해결하지 못하는 것이다.

외환위기 당시 정부가 부실 은행을 1차 대상으로 정리하지 못하고 부실채권·후순위채권 매입, 특별대출 등을 통해 전반적인 유동성 지원을 하다가 결국 더 많은 돈을 투입한 후에야 위기를 진정시킬 수 있었던 일이 이를 방증한다.

영업정지 저축은행 어떻게 처리되나?
– 부실 금융회사 처리

각종 지원에도 불구하고 구제가 불가능한 금융 회사는 어떻게 처리할까? 최근 어려움을 겪고 있는 저축은행과 관련해 알아둘 필요가 있다.

우선 아예 파산시키는 경우가 있다. 이 경우 예금자들의 예금은 예금보험공사(예보)를 통해 1인당 원리금 5,000만 원까지 보장된다. 이때 파산한 금융사가 빌려주고 받지 못한 여신에 대해서는 예보가 순차적으로 대신 받아 국고로 귀속시킨다. 예금자에게 예금을 대신 지급해줬으니 금융사가 받을 돈을 챙기는 것이다.

물론 이 같은 극단적인 방법을 동원하지 않고 다른 금융회사로 매각시키는 경우도 있다. 어려움을 겪는 금융회사를 다른 금융사로 합병시키는 것이다.

이때는 정부가 금융사 부실을 해결해주는 경우가 많다. 지나치게 빚을 많이 갖고 있다면 일부를 정부가 대신 갚아주고, 부실채권이 많다면 이를 정부가 가져가는 대신 현금을 채워주는 식이다. 보통 공적자금을 투입해 해결해준다. 이렇게 하면 부실이 상당 부분 해소되어 인수하는 측의 부담이 없어지면서 부실 회사라도 인수하겠다는 곳이 나올 수 있다.

이는 금융시장의 전반적인 발전을 위해 선택되기도 한다. 정부가 대부분의 지분을 보유한 우리은행을 다른 시중 은행과 합병시켜 대형 은행을 만든 뒤 세계시장에서 경쟁시키겠다는 생각이 대표적인 예이다.

이때 금융시장 전체를 조정하기 위해 은행을 매각해야 할 상황이라면 상대적으로 문제가 적은 은행을 파는 것이 낫다. 부실이 매우 큰 은행을 매각할 때는 매입자에게 앞으로 추가로 일어날 수 있는 손실을 보전해줘야 한다. 그렇지 않으면 아무도 나서려 하지 않는다. 결국 매각이 지연될 가능성이 크고, 실제 협상 과정에서 정부와 매입자 간에 부실 규모를 놓고 제대로 합의가 되지 않을 경우 아예 결렬되면서 시장 혼란만 키울 수 있다. 그러므로 부실이 큰 은행은 정부가 충분히 구조조정을 실시한 뒤 경영상태가 정상 궤도에 오르면 파는 것이 낫다.

이 밖에 금융회사 문을 닫으면서 기존 계약을 그대로 유효화시키는 방법도 있다. 이를 '파산 후 계약이전(P&A)'이라고 한다.

파산 금융회사의 계약은 여러 금융회사 혹은 특정한 하나의 금융회사로 이전되어 유지된다. 이때 원리금 5,000만 원 이하라 예금보험 대상이 되는 계약만 넘기고, 5,000만 원을 넘는 예금은 5,000만 원까지만 보험금을 지급한 뒤 나머지는 예금자 피해로 남기고 계약을 없애버리는 경우도 있다.

이 과정에서 금융사가 갖고 있는 대출이 선별적으로 넘어간다. 그래야 계약을 이전받은 금융사들이 파산 금융사의 예금을 대신 갚아줄 재원을 확보할 수 있기 때문이다. 계약이 이전되면 이를 이전받은 기관은 실질적으로 파산 금융기관 일부를 인수 합병한 것이나 마찬가지의 효과가 발생한다.

금융사를 해외에 매각하는 방법도 있다. 이렇게 하면 해외 금융사를 국내로 유치하는 효과가 있어 국내 시장을 효율화할 수 있다. 이에 따라 과거에 제일은행 등이 매각된 경우가 있다.

하지만 국내 금융시장 선진화에 기여한 효과는 제한적이었다는 평가가 많다. 이 밖에 '가교은행'이란 것을 만들어 부실 금융사를 하나로 합친 뒤 정상화 작업을 거쳐 매각하는 방식도 있다. 이 방법은 주로 저축은행 정리에 활용된다.

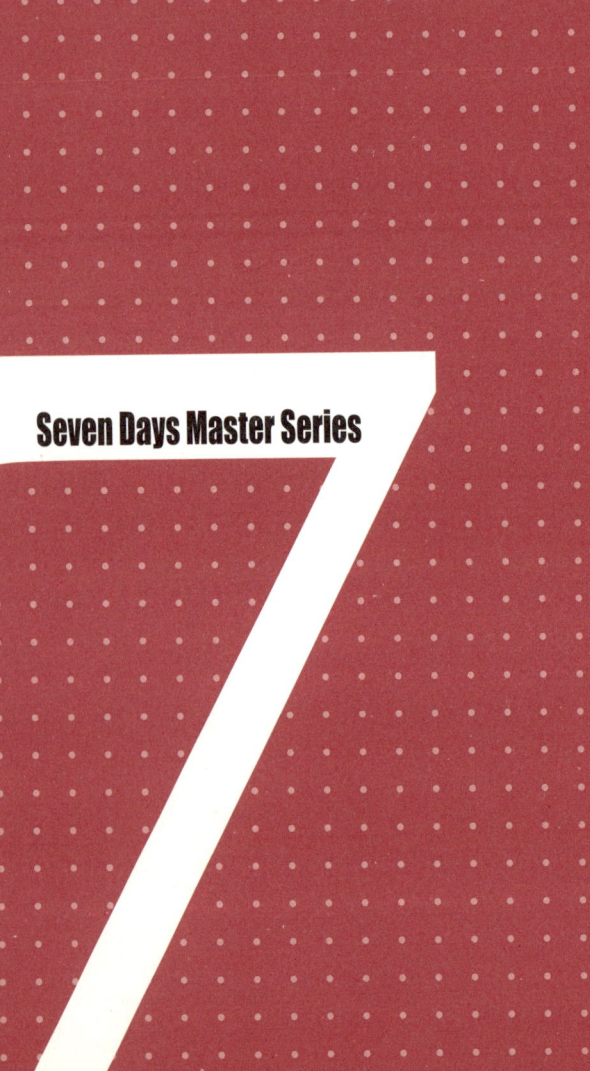

Seven Days Master Series

step 7

금융의 미래

한국 금융 왜 약한가?
– 한국 금융의 구조적 문제

　한국 경제에서 금융은 독특한 위치를 차지한다. 최고의 인력이 몰리지만 지금껏 세계 경제는 물론 한국 경제도 주도해본 일이 없다. 제조업은 분야별로 다국적 기업과 자웅을 겨루고 있지만 금융업은 변방에 머무르고 있다. 한국 금융이 금융위기 기간 상대적으로 덜 흔들렸던 것도 실은 이와 관련이 있다. 국제적인 조류에 뒤처지다 보니 발전이 더뎠고 이에 따라 신금융을 접하지 못하면서 피해는 덜 입은 것이다. 하지만 이러한 논리마저도 금융이 계속 뒤처져야 한다는 당위성이 될 수 없다.

　한국 금융은 현재 다시 오기 어려운 기회를 맞고 있다. 외환위기를 이겨내고 한국 제조업이 세계적인 수준에 올라셨듯, 전 세계 굴지의 금융사들이 어려움을 겪고 있는 금융위기를 계기로 한국 금융도 앞으로 치고 나갈 수 있는 것이다. 실제 호주, 인도, 중국 등은 이번 위기를 절호의 기회로 보고 있다.

하지만 한국 금융이 처한 현실은 이 같은 기대를 갖기 어렵게 한다. 이에 대한 확실한 교정이 없다면 한국 금융은 영원히 기회를 잃을지도 모른다.

한국 금융이 직면한 환경

한국 금융사들이 현재 처해 있는 환경은 무척 도전적이다. 우선 디레버리징(Deleveraging; 부채축소)이 본격화되고 있다. 한국 경제는 2008년 말 이후 본격화된 금융위기 기간에도 디레버레징 현상이 뚜렷하지 않았다. 오히려 2009년 중반 부동산 가격이 오르자 대출을 얻어 집을 사는 사람이 생기면서 일부 계층에서는 빚이 늘어나는 모습도 나타났다.

하지만 최근에는 양상이 달라지고 있다. 은행권 일선 영업현장에서는 빚을 갚는 사람들 때문에 영업에 큰 타격을 받고 있다는 이야기까지 나온다.

은행권은 이 같은 현상의 원인을 크게 2가지로 분석한다. 첫째는 베이비붐 세대의 은퇴이다. 이들이 은퇴를 기점으로 경제활동 기간 얻었던 빚을 상환하면서 디레버리징이 이뤄지고 있는 것이다. 은퇴 시점이 경기침체 시기와 맞물린 것이 상황을 심화시키고 있다.

은행권의 한 관계자는 "최근 공장을 매각하려는 사람들이 늘고 있다"면서 "특별히 경영 상태가 어렵지 않은데

체질요인	· 국내 제조업 그늘, 신뢰 부재 · 외환위기 때 체질 개선 실패 · 혁신금융시장 소외
내부요인	· 일상 업무 매몰, 영업 올인 · 전문가, 외국 네트워크 부족 · 금융사간 반목 · 왜곡된 지배구조
외부요인	· 정부, 정치권 규제 및 간섭 · 국수주의적 시각 · 쏠림현상 반복

[그림 7-1] **비상하지 못하는 한국 금융의 현주소**

도 앞으로 경기 상황이 불투명한 데다 자식들이 물려받기를 거부하는 등의 이유로 사업을 정리하는 경우가 많다"라고 말했다.

둘째 요인은 부동산 가격의 하락이다. 부동산 가격이 장기적으로 하락할 것이란 예상이 확산되면서 신규 대출이 부진한 것은 물론 기존 대출의 상환 요청까지 들어오는 상황이다.

출혈 경쟁만 이뤄져

은행들이 이 문제를 해소하기 위해서는 신규 대출 영역을 개척해야 한다. 하지만 경기 상황이 불투명해 무작정 대출 대상을 늘리기는 쉽지 않다. 이에 따라 걱정만 하는 경우가 대부분이다. 이 같은 흐름은 시장 안정에는 기여할 전망이다. 전반적으로 대출 위험에 노출되는 사람들이 줄어들 전망이기 때문이다.

하지만 경제 전체적으로는 소비와 투자 활력이 떨어지는 등 각종 부작용이 예상된다. 이는 금융 수요를 더욱 줄이는 악순환을 가져오면서 시중 은행들의 성장을 정체 국면에 빠트리고 있다. 실제로 시중 은행들의 자산은 최근에 정체되거나 감소되는 모습을 보이고 있다. 경제주체들이 대출을 받지 않으려 하면서 생긴 현상이다. 이에 따라 은행 자산이 경제성장률 이상으로 성장하는 일은 이제 옛 이야기가 되고 있다.

이 같은 상황에서 금융사들은 제대로 대처하지 못하고 있다. 오히려 여신 빼오기 등 출혈 경쟁만 하고 있다. 다른 은행에 대출을 갖고 있던 기업이나 개인을 자기 고객으로 데려오기 위한 경쟁이다. 금융위기 이전에는 '영토 확장'에 비유할 수 있는 신규 대출 경쟁이 벌어졌다면, 위기 이후에는 경쟁 은행 고객을 빼오기 위한 전혀 다른 형태의 경쟁이 벌어지고 있는 것이다.

각 금융사 임직원들이 연말 성과 평가를 의미하는 'KPI' 지표에서 좋은 점수를 받기 위해서는 최소한의 대출 실적을 올려야 하는데 이것이 여의치 않자 출혈 경쟁이 벌어지고 있다. 금융권에서는 이 같은 경쟁에 대해 우려의 목소리가 많다. 금리 인하, 수수료 면제 경쟁으로 이어지면서 수익성을 악화시키기 때문이다. 또 자산 확대 경쟁으로 이어질 경우 건전성에도 악영향을 미칠 수 있다.

이처럼 한국 금융사들은 변화하는 환경을 주도하지 못하고 따라가기에 바쁘다. 이는 몇 가지 이유 때문이다.

외환위기 때 극복 못한 제조업의 그늘

가장 큰 이유로 제조업과의 관계가 꼽힌다. 한 금융 전문가는 "한국 금융은 아직까지 제조의, 제조에 의한, 제조를 위한 산업"이라고 토로했다. 금융산업이 국책은행을 중심으로 제조업을 후선에서 지원하기 위한 산업에 머물러왔다는 것이다. 특히 보험, 증권 등 제2금융권 업체들은 제조 대기업들의 휘하에 머무르면서 이들의 돈줄 역할을 하는 정도에 그쳐왔다.

이 같은 상황은 1997년 국제통화기금(IMF) 구제금융 사태를 계기로 교정할 기회가 있었다. 기업 부실이 금융 부실로 옮겨 붙으면서 경제위기가 발생한 만큼, 제조와 금융을 분리해 하나의 독립된 산업으로 키울 기회를 만들 수 있었다.

특히 이때 시행된 각종 구조조정 정책을 금융의 체질을 근본적으로 고칠 수 있는 계기로 삼을 수 있었다. 여기에 기업 구조조정 과정에서 인수 합병(M&A) 주선 등 신시장이 개척될 여지도 있었다.

하지만 체질 개선에 성공하지 못했다. 오히려 국내 금융은 더 위축됐다. 구조 개혁 과정에서 정부의 입김은 더욱 세졌고, 신시장은 외국 회사들의 놀이터가 됐다.

최고의 인력이 영업에만 매진

이는 금융회사들의 취약한 경쟁력 때문이었다. 한국 금융은 일상적인 업무만 해도 큰 이익과 보수가 약속된다. 이에 정부와 기업을 상대로 영업만 잘하면 된다. 특히 정부가 나눠주는 각종 이권만 취득해도 큰 이익이 보장된다. 반면 소비자들은 신경 쓰지 않아도 됐다. 재테크에 대한 관심이 높은 한국 국민 특성상 새로운 상품을 내놓는 노력을 하지 않아도 손쉽게 돈을 끌어 모을 수 있었다.

상황이 이렇다보니 한국 금융에는 최고의 인력이 몰렸다. 힘들이지 않고 많은 돈을 벌 수 있기 때문이다. 하지만 이들은 현실에만 안주했고 결국 제대로 된 선수로 성장하지 못했다. 이에 따라 한국 금융사들은 좋은 CEO와 리더십을 갖추지 못한 경우가 많다. 현실 안주에 만족하면서 현상 유지에만 골몰했기 때문이다.

결국 한국 금융사들은 새로운 금융상품을 내놓거나 해외에 진출할 의지도 능력도 상실한 상태이다. 그렇다보니 금융의 역사는 길지만 제대로 된 해외 네트워크조차 형성되어 있지 않다.

한 금융 전문가는 "해외 진출이 필요하다는 사실은 누

구나 인정하지만 국내에서 어느 정도만 해도 수익이 보장되는 상황에서 해외 진출에 대한 필요를 느끼지 못했고 이에 따라 능력을 갖추지도 못했다"라고 말했다.

실제로 한국 금융사들의 해외 진출은 무척 부진하다. 2008년 6월 말 현재 62개의 지점과 32개의 현지법인 등 총 94곳의 해외 점포가 진출해 있다. 얼핏 보면 적지 않은 수라 생각할 수 있지만 2000년 97개와 비교하면 3곳이 줄었다. 8년 동안 오히려 쇠퇴한 것이다. 특히 영업 행태가 문제이다. 현지인이 아닌 교포 혹은 해외 진출 국내 기업만 대상으로 영업을 하는 경우가 대부분이다. SC, HSBC, 씨티은행 등이 국내에 진출해 활발한 활동을 벌이는 것과 비교하면 큰 차이를 보인다.

이에 따라 국내 은행들은 아직 우물 안 개구리에 머물고 있다. [그림 7-2]에서 보듯 현지 직원 비율, 현지 조달 예금 비율 등을 보면 대부분 점포가 현지 토착화에 실패하고 있다. 반면 국내에 진출해 있는 외국 은행 지점들의 경우 현지 직원 비율이 90%, 현지 자금운용 비율이 80%를 초과하는 등 현지화 수준이 높다.

이와 관련 금감원은 은행의 국제화 정도를 나타내는 '초국적화지수(Transnationality Index; TNI)'를 도입해 평

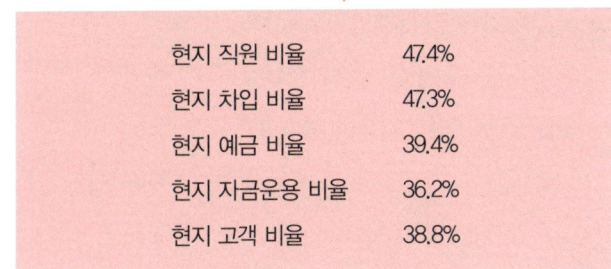

현지 직원 비율	47.4%
현지 차입 비율	47.3%
현지 예금 비율	39.4%
현지 자금운용 비율	36.2%
현지 고객 비율	38.8%

[그림 7-2] **한국 해외지점 현황**

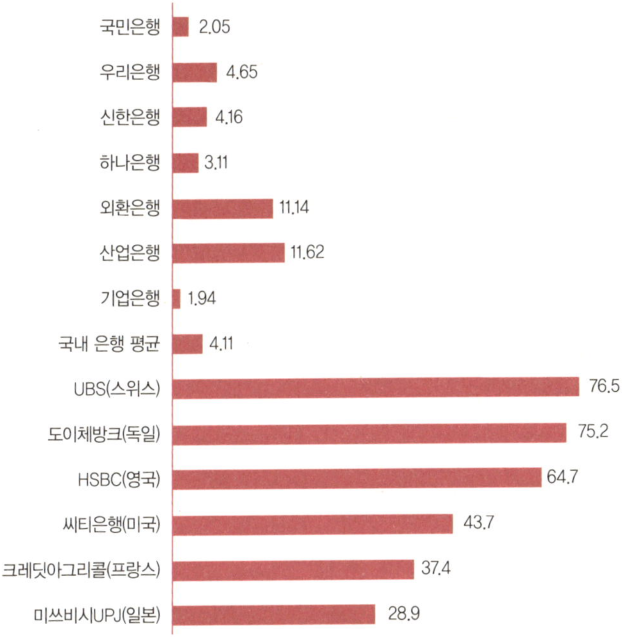

국민은행	2.05
우리은행	4.65
신한은행	4.16
하나은행	3.11
외환은행	11.14
산업은행	11.62
기업은행	1.94
국내 은행 평균	4.11
UBS(스위스)	76.5
도이체방크(독일)	75.2
HSBC(영국)	64.7
씨티은행(미국)	43.7
크레딧아그리콜(프랑스)	37.4
미쓰비시UPJ(일본)	28.9

[그림 7-3] **초국적화지수 비교**

가 중이다. 유엔무역개발협의회(UNCTAD)가 개발한 지표로 전체 은행 자산, 이익, 인원 가운데 해외점포 비중이 높을수록 수치가 올라간다. [그림 7-3]의 지표에서 한국 은행들의 평균은 4.11에 불과하다. 반면 스위스의 UBS가 76.5를 기록하는 등 세계 유수은행들은 대체로 50을 상회한다.

해외 이익 비율이 커지면 국내에서 어떤 문제가 생기더라도 이를 해외 이익으로 충분히 커버할 수 있다. 즉 위험을 분산할 수 있다. 하지만 한국 금융사들은 그렇지 못하다. 오히려 자산이 수백 조 원에 이를 정도로 국내 덩치만 지속적으로 커지면서 문제가 발생하면 그 타격은 해당 은행을 넘어 경제 전체로 파급되고 있다. 위험 집중 문제가 그만큼 심각한 것이다.

정부-정치 그늘 속 내수 경쟁만 치열

여기에는 금융에 대한 정부의 과도한 규제도 한몫을 했다. 정부는 금융을 산업 개발 등 정책의 틀 안에 넣어두기 위해 과도한 규제를 유지해왔다. 이에 따라 금융사들의 활동은 위축될 수밖에 없었다.

이 같은 상황은 정권이 바뀔 때마다 교정이 시도되어 왔다. 하지만 번번이 엘리트 관료들의 저항을 받으며 무산되곤 했다. 특히 정부 부처간 영역 다툼은 제대로 된 규제조차 어렵게 했고 제대로 된 금융 환경을 갖추는 노력도 시행되지 못했다.

결국 금융사들은 규제 당국의 발목에 잡혀 한정된 내수 시장을 둘러싼 경쟁을 해올 수밖에 없었다. M&A 주선 등 첨단 금융은 외국계 금융사에 맡겨둔 채 은행, 보험, 증권 등 전통 업무를 놓고 치열한 내부 경쟁만 벌인 것이다. 이에 과학적인 리스크 관리가 내부적으로 정착되지 못하고 특정 부분이 좋다고 하면 그쪽으로 모든 은행들이 몰려가는 '무리(Herd) 행위'가 벌어지곤 했다. 금융사들 사이에 차별성도 없다.

이 과정에서 각 업권간 다툼은 물론, 업권 내부 다툼만 자주 일어나고 있다. 지급결제제도를 둘러싼 은행-보험-증권의 싸움, 방카슈랑스(은행의 보험 판매)에 대한 은행-보험의 싸움 등이 대표적인 예이다. 업계를 주도해야 할 대형 금융사들은 각 영역별로 계열사를 늘리는 데만 급급했고 전문화된 역량을 갖추지 못했다.

이른바 '정치 금융'도 문제이다. 금융은 수시로 정치 도

구로 활용됐고, 간간히 내놓는 성장 전략은 번번이 지역 이기주의에 가로막히기도 했다. 지역 안배를 고려한 금융 중심지 복수 선정이 대표적인 사례이다.

금융회사 내부 정치도 때론 큰 장벽이 됐다. 지분이 여러 사람에게 쪼개져 있어 제대로 된 주인이 없는 금융회사는 내부 주도권 쟁탈을 위해 정치를 했고, 주인이 있는 금융회사는 이 주인의 눈치를 보는 정치를 했다. 결국 제대로 경영할 틈이 없었다. 혁신적인 전문 CEO가 금융회사 경영에 매진하는 것이 아니라 정치에 의해 선발된 CEO가 정부, 내부, 대주주의 눈치만 보는 경영을 해온 것이다.

쏠림 현상만 낳는 우리만의 리그

금융 발전은 국수주의적인 국민 감정에 의해서도 자주 저지됐다. 대형 금융회사는 무조건 국내 자본의 그늘하에 있어야 하며, 외국계가 대형 금융사를 소유하는 것은 국부 유출에 불과하다는 생각이 대표적이다.

금융업계의 어느 관계자는 "외국계가 대형 은행 중 한 곳을 운영한다면 선진 기법이 국내에 들어와 시장이 효율화되는 큰 계기가 될 수 있다"며 "국내 업체들이 독과점을 구성하고 있는 현 체제로는 금융 발전을 기대하기 어렵다"라고 말했다.

HSBC의 외환은행 인수 무산은 이를 상징적으로 나타낸다. 국부 유출론에 휘말리며 외환은행 매각은 계속 지연됐고 결국 글로벌 금융위기가 터지면서 HSBC가 스스로 발을 떼 외환은행 매각은 중단되고 말았다.

우리들만의 리그는 번번이 쏠림 현상에 휘둘려왔다. 한정된 내수시장에 대한 쟁탈전이 지속되다보니 특정 부문이 부각되면 그쪽으로 모든 금융회사가 몰려드는 것이다. 1997년 외환위기 직전의 종합금융사 난립, 2003년 신용카드사들의 밀어내기 경쟁에 따른 카드 대란, 글로벌 금융위기 이전 은행들의 주택담보대출 경쟁 등이 대표적인 사례이다. 이에 따라 한국 시장에서 차별적인 금융회사를 찾기는 어렵고 이름만 다를 뿐 영업 행태에는 큰 차이가 없는 금융회사만 가득해졌다. 전문성과 다양성 확보에 실패한 것이다.

이 같은 쏠림 현상은 국내 금융 체질을 근본적으로 허약하게 만들었다. 균형 있는 성장이 이루어지지 못했기 때문이다. 이 같은 상황은 대외의존적인 한국 경제와 결합해 세계 경제에 부침이 있을 때마다 한국 금융을 큰 위기로 몰아넣었다. 그리고 이는 2008년 초 있었던 금융 선진화 작업의 시도조차 어렵게 만들고 말았다. 그러므로 한국 금융이 다시 비상을 꿈꾸기 위해서는 각종 장벽부터 해결하고 넘어가야 한다.

한국 금융 발전을 꿈꾸며

이 같은 점을 근거로 한국 금융이 비상하기 위해서는 여러 대책이 필요하다. 우선 한국판 '산탄데르'를 만들어야 한다. 스페인 산탄데르 은행이 남미 등 해외 진출에 성공해 글로벌 금융사가 된 신화를 한국에서도 재현해야 하는 것이다. 이를 위해 아시아 등 인접 지역을 중심으로 한국 금융사에 맞는 사업 모델을 찾을 필요가 있다. 문화 등 여러 조건이 비슷한 데다 인지도 등에서 유리해 성공 가능성이 높기 때문이다.

여기서 성공하면 미국, 유럽 등 주류 지역 진출을 추진해야 한다. 이때 진출 방식은 교민이나 한국 기업이 아닌 철저히 현지인을 상대로 한 영업이 되어야 한다. 이 과정에서 해외 금융사 인수를 고려할 필요도 있다.

해외 진출은 진출 속도와 조화가 중요한 만큼 점진적이고 단계적인 전략을 수립해 추진할 필요가 있다. 한국에도 진출해 있는 PCA의 경우 말레이시아와 장기적 관계를 맺으면서 이 지역에서 큰 성공을 거뒀다. 이에 대해 금융감독원은 국내 은행 해외점포의 현지 밀착경영을 유도하기 위해 '현지화 평가제도'를 도입하고, 우수 점포에 대해 인센티브를 부여할 계획이다.

또 금융업에 보다 특화된 인재를 양성하고 필요하다면 적극적으로 해외에서 유치해올 필요가 있다. 특히 금융계 입문 후 현실에 안주하지 않고 끊임없이 실력을 향상시킬 수 있는 유인체계 마련이 시급하다.

이 밖에 금융사들은 잘할 수 있는 것에 집중하면서 리스크를 독립적이고 시스템적으로 관리할 필요가 있다. CEO의 리더십과 건전한 조직문화가 요구되는 부분이다. 여기에 은행 중심의 대출시장과, 기업이 주식과 채권을 발행해 자금을 조달하는 자본시장이 균형 있게 발전하는 것이 중요하다.

금융위기 전에는 자본시장으로 쏠림이 심했고 위기 이후에는 대출 시장 중심으로 다시 돌아가야 한다는 지적이 많지만 균형 발전이 중요하다.

사전적으로 위험 요인을 짚어줄 현명한 감독체계 마련도 요구된다. 또 정부 정책이 시장과 조화를 이룰 때 금융시장과 금융회사의 발전이 가능하다는 점을 직시해야 한다. 호주의 경우 퇴직연금 적립을 강제하면서 자본시장이 육성됐고 이에 따라 자산운용사들의 경쟁이 촉진되면서 맥쿼리 같은 글로벌 금융회사가 출현했다.

빅뱅 한국 금융
– 은행 민영화 이슈

 현재 한국 금융은 빅뱅(Bigbang)이 진행 중이다. 앞으로 상황이 어떻게 전개되느냐에 따라 한국 금융은 발전의 전기를 마련할 수도 극심한 혼란에 빠질 수도 있다. 그리고 그 빅뱅의 중심에는 은행간 합종연횡이 있다.

 현재 잠재적인 인수자를 기다리고 있는 은행은 무려 4곳이나 된다. 우리금융그룹, 산은금융그룹, 기업은행, 외환은행이 그곳이다. 이 가운데 외환은행을 제외한 나머지 3곳은 정부가 대부분의 지분을 보유하고 있다. 산업은행과 기업은행은 애초 정부가 설립한 국책은행이고, 우리금융은 1997년 외환위기를 전후해 어려움에 빠진 상업은행과 한일은행을 합병해 국유화한 은행이다. 외환은행은 사실상 국유 은행이었지만 역시 외환위기를 거치며 어려움에 빠진 끝에 2002년 미국계 사모펀드 론스타가 코메르츠방크를 거쳐 정부로부터 인수했다.

정부는 우선 우리금융을 민영화한 후 산은금융그룹과 기업은행을 순차적으로 민영화할 계획이다. 동시에 론스타는 투자원금을 회수하기 위해 외환은행 매각 작업을 진행했다. 앞으로 누가 인수하느냐에 따라 금융업계 판도가 대폭 바뀔 전망이다.

산은금융 민영화

산은금융은 산업은행을 주축으로 대우증권, 산은캐피탈, KDB생명 등을 보유하고 있다. 이 가운데 대우증권과 KDB생명은 자금난으로 어려움을 겪은 대우그룹과 금호그룹으로부터 사들인 것이다. 결과적으로 은행, 보험, 증권, 여신 등 짜임새 있는 사업 포트폴리오를 갖추고 있어 시장 경쟁력이 있는 것으로 평가된다.

정부는 민영화를 위해 일단 산은금융을 국내외 주식시장에 상장시켜, 갖고 있는 지분 가운데 상당수를 매각하고, 일부 지분은 외국계 투자은행(Investment Bank;

IB)에 분할 매각할 예정이다. 이를 통해 IB로부터 노하우 및 경영기법 전수를 목표로 하고 있다. 구체적으로 2012년까지 전체 지분의 49%를 매각한 뒤 순차적으로 완전 민영화하겠다는 계획을 갖고 있다.

정부는 산은금융을 민영화해 경쟁력 있는 상업투자은행(Commercial Investment Bank; CIB)으로 육성할 계획이다. 상업은행 업무와 투자은행 업무가 잘 조화된 은행으로 키우겠다는 것이다. 도이체방크, JP모건 등이 구체적인 모델이다.

우선 투자은행 영역에서 단기적으로 국내에서, 나아가 동북아 지역에서 최고의 IB로 만들겠다는 목표를 갖고 있다. 또 갖고 있는 고객을 기반으로 여러 은행이 연합해 대출하는 신디케이트론 주선, 대형 프로젝트 파이낸싱(PF) 등에도 여력을 쏟을 예정이다. 기업 인수합병 및 상장 주선, 채권 발행 중개 등 외국계 IB들이 독점하고 있는 국내 관련 업무만 산업은행이 가져와도 어느 정도 성공했다고 볼 수 있다.

정부는 일본을 벤치마킹 사례로 보고 있다. 일본 금융사들 역시 한국처럼 제조업에 비해 경쟁력이 떨어지지만 노무라, 다이와, 미즈호, 미쓰비시 등 자국 IB들이 자국 투자은행 업무만은 대부분 점유하고 있다. 이들은 자국 업무를 기반으로 동북아로 보폭을 넓히고 있다.

특히 자국 제조업체들과 해외 동반 진출을 통해 일부 지역에서는 꽤 경쟁력을 갖췄다. 일본 기업들의 해외 업무를 도와주면서 나름의 해외 영업 노하우를 익힌 것이다. 리먼브러더스의 아시아 지역 본부를 인수해 성장 중인 노무라가 대표적인 예이다. 정부는 일본 수준은 되어야 한다는 인식을 갖고 있다.

산은은 나름대로 관련 분야 경쟁력을 갖고 있다. 정부 주도의 기업 금융을 전담하면서 다양한 해외 네트워크, 해외 조달경험, 파생금융상품 발행 경험을 갖고 있으며, 이를 대우증권의 판매망과 영업력이 뒷받침하고 있다. 정부는 산은 민영화를 통해 대규모 투자 역량 확보, 위험 흡수 능력 증대, 국제 네트워킹 확보, 사업 포트폴리오 다각화를 이룰 계획이다.

하지만 한계가 많다. 산은이 기업 구조조정을 주도하며 관련 분야에 많은 경험을 갖고 있는 것은 사실이지만, 이는 정부 비호 때문에 가능했다는 지적이 많다. 또 현재 거두고 있는 이익 가운데 대부분은 기업 구조조정 과정에서 대출을 상환받지 못해 이를 주식으로 출자전환한 뒤 경기 호전에 따라 기업 가치가 올라 주식을 매각해 얻은 것이다.

즉 산은이 자체적으로 영업 이익을 내본 경험이 별로 없는 것이다. 여기에 이미 입지를 탄탄하게 다진 외국 IB와 경쟁하기에 너무 버겁다는 지적도 많다. 물론 공공기관으로 있으면서 그동안 잠재능력을 제대로 발휘하지 못했다는 반대 논리도 있다.

산은금융의 과제

산은은 앞으로 안정적인 자금공급원을 확보해야 하는 과제를 안고 있다. 산은은 일반 은행과 달리 예금으로 자금을 조달하지 못하고 있다. 전국 영업점이 40개에 불과하다. 영업점이 1,000개가 넘는 국민은행 등 시중 은행과 비교하면 무척 초라한 수준이다. 대신 국내외에서 채권 발행을 통해 자금을 조달해왔다. 그런데 민영화를 하면 예전처럼 싼 금리로 자금을 조달하기 어렵다. 국책은행일 때 받았던 정부 보증이 사라지면서 안정성에 회의가 생기고 채권금리가 올라가기 때문이다.

이에 따라 산은의 상업은행(Commercial Bank; CB) 기

능 확보가 과제로 떠오르고 있다. 이를 위해 산은은 지점 확대 등 개인금융 기능 확대를 추진하고 있다. 예금 수신 기반을 확대하겠다는 것이다. 국외에서 해외 은행 인수도 지속적으로 고려하고 있다.

대출에 있어서는 주력인 M&A 관련 대출뿐 아니라 일반 기업 대출, 개인 대출 확대를 추진 중이다. 하지만 이 정도로는 한계가 많아 전국적인 수신기반을 갖춘 기존 은행을 인수 합병해야 한다는 지적이 일고 있다. 하지만 이 경우 경쟁력 있는 CIB가 아닌 또 다른 시중 은행 탄생에 그칠 수 있다.

이를 막기 위해 정부는 산은의 소매 치중을 막고 전체 자금 조달에서 예금이 차지하는 비중을 30% 선에서 막을 계획이다. 또 산은이 발행한 채권에 대해 당분간 국가 보증을 계속 실시한다는 계획도 갖고 있다.

정부는 중소기업 지원, 기업 구조조정 주도, 대북 금융 지원, 사회간접자본 개발 투자, 지역개발금융, 신성장동력 산업 지원, 해외 채권 발행을 통한 외화자금 조달 등 산업은행이 갖고 있던 정책금융 기능을 '정책금융공사'를 설립해 이곳으로 모두 이관했다. 주로 민간 은행들이 하기 꺼리는 업무들이다. 산은이 민영화되면 이 같은 일을 할 수 없으니 새로 기관을 만들어 기능을 넘긴 것이다. 이 과정에서 하이닉스 등 기업 구조조정 과정에서 산은이 지분을 갖게 된 기업의 소유권도 상당 부분 정책금융공사로 이관됐다.

정책금융공사는 산은금융 지분의 49%를 보유 중이다. 민영화 과정에서 이를 팔아 재원을 추가로 확보할 계획이다. 상황이 좋으면 10조 원 이상의 현금을 확보할 수 있을 것이다. 산은금융의 가치가 최대 20조 원 이상으로 추산되기 때문이다. 나머지 51% 지분은 정부가 직접 소유하고 있다.

하지만 정책금융공사에 대한 비판도 만만치 않다. 우선 기존의 산은과 역할 차이가 불분명하다는 지적이 나온다. 이렇게 되면 산은 민영화 필요 이유 중 하나였던 민간과 기능 충돌이 재현될 수 있다. 결국 산은이 둘로

금융사	내용	과제
신한금융지주	민영화, 국제 경쟁력 있는 CIB로 성장	정부 울타리 벗고 독자 생존, 수신 기반 확보
우리금융지주	민영화	시너지 효과 극대화, 민간 경쟁력 확보
하나·외환은행	인수 합병 성공	먹튀 논란 해소, 인수 시너지 효과 증대

[그림 7-4] **한국 금융사들의 현안과 과제**

쪼개지면서 또 하나의 산은이 탄생하는 결과에 그치는 것이다. 이에 대해 금융위 관계자는 "민간과 경쟁하지 않도록 회사채 인수 업무는 대통령령이 규정할 때만 가능하도록 하는 등 제한을 둘 계획"이라고 말했다.

우리금융 민영화 잘될까?

우리금융 민영화의 대의는 공적자금 회수이다. 정부는 상업은행과 한일은행이 어려움을 겪자 12조 원이라는 막대한 양의 공적자금을 투입해 국유화한 바 있다. 이후 정부는 몇 차례에 걸쳐 지분을 매각해 상당 금액을 회수했다. 현재는 우리금융 지분의 57% 정도를 보유하고 있다. 이를 추가로 매각해 공정자금을 완전히 회수한다는 것이 정부의 목표이다.

정부는 여기에 추가로 우리금융 민영화를 통해 한국 금융의 발전도 꾀하고 있다. 이와 관련한 논란이 이른바 '메가뱅크(Mega Bank)' 논쟁이다. 우리금융, 산은금융, 기업은행 등 정부 보유 은행을 하나로 묶어 대형 은행으로 탄생시키자는 것이다. 하지만 이는 규모가 크다고 해서 경쟁력이 생기지 않는다는 비판에 따라 거의 무산됐다.

특히 위기 때 대형 은행을 만드는 일은 무척 위험할 수 있다. 정부 주도로 부실 은행을 모아 하나의 금융 지주사로 탄생시키는 것은 인위적으로 대형 부실 금융사를 만드는 결과가 될 수 있기 때문이다. 이는 여러 부실을 하나로 합침으로써 시장 위험을 더욱 키울 수 있다.

나뉘어 있을 때는 한 곳만 무너지면 해결되었을 위험이 하나로 뭉치면서 여러 곳이 동시에 무너지는 결과를 유발할 수 있는 것이다. 특히 대형 회사 도산의 파장은 무척 크다. 이에 원했던 시너지 효과보다는 부실의 폭만 넓힐 수 있다.

물론 우리금융은 이 같은 우려와는 경우가 다르다. 부실이 별로 없고 나름대로 탄탄한 영업을 하고 있기 때문이다. 이에 우리금융 민영화를 통해 우리금융 자체, 나아가 전체 금융시장의 경쟁력을 키워야 한다는 대의는 계속 강조되고 있다.

현재 우리금융은 정부 간섭이 심해 제대로 역량을 펼치지 못하고 있다. 이 같은 상황에서 민영화에 성공해 금융업에 의지가 있는 인수 주체의 품에 안기거나, 메가 뱅크 수준은 아니라 하더라도 다른 은행과 합병함으로써 경쟁력이 강화되면 금융 발전에 기여할 수 있다. 물론 이

때 전제는 인수 주체가 경쟁력이 있어야 한다는 것이다. 그렇지 않으면 지분을 분산 매각해 주인 없는 은행으로 남기는 것이 오히려 나을 수 있다.

이에 대해 금융당국은 "대형화 자체가 목표는 아니지만 국제적으로 잘할 수 있는 지역에 진출하려면 대형화가 불가피한 측면이 있고, 지나치게 영업 규제가 강한 부분은 완화하겠다"라고 말했다. 앞으로 우리금융 민영화 이후 금융시장이 어떻게 재편될지 지켜볼 일이다. 우리금융 민영화가 완료되면 정부는 기업은행도 민영화해 민간은행화할 계획이다.

하나금융-외환은행 동거 성공할까?

하나금융지주가 론스타로부터 외환은행을 인수한 뒤 안착할지 여부도 관심거리이다. 론스타는 2003년 외환은행 인수 이후 몇 차례 외환은행 매각을 시도했지만 번번이 무산됐다. 헐값 인수 논란 때문이었다. 론스타가 2003년 외환은행 지분 60% 가량을 인수한 가격은 2조 1,548억 원이다. 시가총액이 9조 원에 가까운 현재 가치는 물론 당시 가치와 비교해도 낮은 값이었다. 이에 따라 정부가 론스타에 특혜를 줬다는 시비가 많았다. 헐값 인수를 막을 수 있었는데 이를 승인해줬다는 것이다.

이러한 상황에 따라 론스타는 몇 차례 매각에 실패했다. 금융당국이 론스타의 외환은행 매각을 승인해주지 않았기 때문이다. 매각을 승인할 경우 금융당국은 론스타의 '먹튀'를 도와줬다는 비난에 휩싸일 수 있다. 이는 외환위기 이후 국내 알짜 기업들이 외국계 자본의 수익 대상으로 전락했던 데 대한 소외 의식이 크게 작용한 결과라고 할 수 있다.

하지만 언제까지나 이 같은 상황을 유지할 수는 없었다. 외환은행의 경쟁력에 큰 문제가 올 수 있기 때문이다. 은행이 계속 발전하려면 꾸준한 투자가 이뤄져야 한다. 하지만 외환은행은 투자액 회수를 원하는 론스타의 요구에 따라 계속 주주 이익 배당을 하면서 제대로 투자를 하지 못했다.

또 론스타가 국제 사회를 돌아다니며 "한국은 한번 투자하면 빠져 나오기 어려운 나라"라는 흠집을 냈던 것도 문제였다. 이는 한국에 투자를 고려하는 외국인들을 망설이게 할 수 있다. 여기에 론스타가 외환은행을 헐값에 인수했다고는 하나 당시 인수 주체를 찾기 어려웠다는 점에서 불가피했다는 시각도 있다.

이 같은 시각에 따라 정부는 론스타의 외환은행 매각 용인을 시도한 바 있다. 2007년 HSBC와 론스타의 매각 협상 때였다. 하지만 협상 과정에서 금융위기가 터져 HSBC가 스스로 물러남에 따라 좌절되고 말았다.

그러다 2010년 하나금융이 외환은행을 인수하게 됐다. '먹튀' 논란을 최소화하려면 외국계 은행이 론스타로부터 외환은행을 인수했어야 했다. 적어도 국내 자본이 론스타의 배를 불려준 것은 아닌 상황이 되기 때문이다.

하지만 외국계 자본이 외환은행을 인수할 경우 이 주체는 외환은행의 경쟁력을 높이기보다 당장 수익이 발생하는 소매 금융 등에만 치중할 가능성이 높다. 이는 국내 금융 발전에 기여하지 못한다.

따라서 해외 네트워크 등 외환은행의 경쟁력을 유지하기 위해 국내 은행이 사야 한다는 지적이 제기됐고 결국 하나금융지주가 인수하는 데 성공했다.

론스타는 외환은행을 매각함으로써 큰 차익을 누리게 됐다. 이미 2010년 9월 기준 지분 보유에 따른 배당, 일부 지분 시장 매각 등을 통해 2조 817억 원을 회수했다. 투자금액 가운데 96.6%를 가져간 것이다. 그런 가운데 론스타는 50% 가량의 하나금융 지분을 5조 원이 넘는 금액에 팔아 이를 고스란히 수익으로 남겼다. 300%에 가까운 수익률을 올린 것이다. 이에 따라 막대한 차익에 대한 비판이 계속 제기되고 있다. 이에 대해 세금이라도 매길 수 있으면 좋겠지만 법규상 이 같은 차익에 많은 세금을 매길 수 있는지 논란이 해결되지 않고 있다. 앞으로 해결이 필요한 부분이다.

하나금융과 외환은행의 동거가 성공할지도 관심거리이다. 하나금융은 KB, 우리, 신한 등과 함께 국내 4대 금융지주 중 한 곳이다. 하지만 규모가 가장 작아 대등한 경쟁이 가능할지 의문이 많았다. 이 같은 상황에서 하나금융은 외환은행을 인수해 규모의 경쟁력을 갖추게 됐다. 앞으로 하나금융이 진정 성공하기 위해서는 외환은행과 화학적 결합이 가능해야 한다. 이는 하나금융이 풀어가야 할 중요한 과제이다.

3세대 금융 패러다임의 별 'Bi-star'에서 나온다
- 세계 금융 발전의 조류

"전통적인 강점에 집중할 것이다" "규모의 경제는 새롭게 진화하고 있다" "투명성의 가치가 드디어 MBA 교과서 밖으로 뛰쳐나왔다"

앞으로 세계금융은 어떻게 변화할까? 이를 살펴보는 것은 매우 중요하다. 좁게는 한국 금융회사들이 어떻게 변화해야 할지를 알려주는 지침이 될 수 있고 넓게는 우리 재테크에도 영향을 미칠 수 있기 때문이다.

현재 세계금융은 1929년 세계 대공황의 격변기를 맞아 상업은행 중심으로 개편된 1세대, 투자은행(IB)으로 대표되는 투자 금융이 전성기를 이룬 2세대를 지나 3세대로 진입 중이다. 3세대 금융은 상업은행과 투자은행이

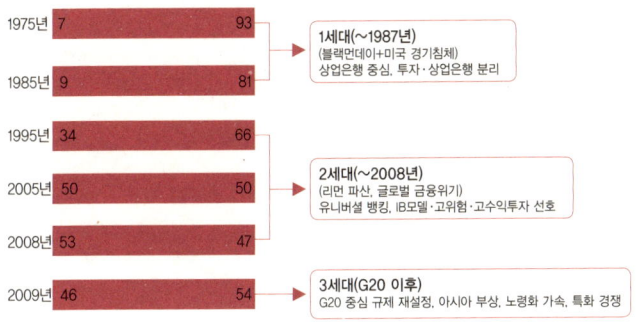

[그림 7-5] 금융 패러다임의 변화(금융산업 비중)

*투자은행 금융: 뮤추얼펀드, ETF, GSE, ABS, 헤지펀드 등 신종 금융의 유동성 비중
*전통 금융: 상업은행, 조합, 보험사, 연기금 등의 유동성 비중

각자 업무에 집중하는 특화의 시대가 될 전망이다. 또 규모보다는 수익성과 건전성이 강조될 것으로 보인다.

이 같은 체제에 맞춰 세계 금융사들은 다시 일전을 준비하고 있다. 금융위기 이후 긴 잠에 빠져들었던 금융사들이 변화된 패러다임에서 살아남기 위해 전열을 재정비하고 있는 것이다. 앞으로 금융을 주도할 환경은 천연자원의 시대, 돈이 남아도는 시대, 소비 우위의 시대로 정리할 수 있다. 누가 트렌드를 주도하느냐에 따라 승자가 결정될 전망이다. 3세대 패러다임에서 글로벌 금융회사들

> - 강점, 잘 아는 것에 집중한다(Back to the Basic)
> - 확실한 내부 지배구조·규제·보수 설정 전략(inner regulation)
> - 규모의 경제의 진화 모델(specialization)
> - 수요 우위 시대, 투명성은 구호에서 현실로(transparency)
> - 고령화 수요 맞추는 곳이 강자(aging finanace)
> - 실물에 기반한 금융이 대세(real based finanace)

[그림 7-6] **글로벌 금융기관의 달라진 6가지 경영전략**

의 성공 전략은 [그림 7-6]에서 보는 바와 같이 크게 6가지로 요약된다.

기본으로 돌아가자

최근 세계 굴지의 금융사들의 모토는 "잘 아는 것을 제대로 하자"이다. CB(상업은행)는 CB대로, IB(투자은행)는 IB대로 저마다 기본에 충실하려 하고 있다. 이 같은 기조는 대표적인 상업은행 중 하나인 스탠다드차타드의 전략 선회로 대표된다. 스탠다드차타드는 업종에서는 원래 강점이 있었던 소매 금융에, 지역적으로는 전통적으로 우위를 보여 온 아시아에 집중하고 있다.

이 같은 흐름은 IB들도 마찬가지이다. 금융위기 충격을 딛고 본연의 업무에 충실하려 애쓰고 있다. 한 IB 대표는 "IB부문에 대한 규제가 강화되는 것은 사실이나 전통적인 은행 중심 금융시스템으로 회귀하지는 않을 것"이라며 "이는 곧 IB가 CB를 닮아갈 필요가 없다는 의미이고 원래 업무에 집중하면 된다"라고 말했다. 즉 CB가 IB를 겸영하고, IB가 CB를 겸영하는 체계는 더 이상 유효하지 않으며 각자 분야에 집중할 것으로 보인다.

이 같은 상황에 맞춰 금융사들의 해외진출 전략도 변화했다. 기존에는 적극적인 영토 확장이 대세였지만 최근 인접지역 진출로 방식이 변화했다. 호주 맥쿼리 은행이 대표적인 예이다. 맥쿼리는 강점을 갖고 있었던 아시아 시장을 공략하기 위해 ING증권 아시아 부분을 사들였다. 맥쿼리 관계자는 "한국 지점의 경우 내부 경쟁이 치열한 현실을 고려해 소매금융을 하지 않고 도매금융만 한다"며 "각 지역 특색에 맞게 집중화하고 있으며 국내에서의 성공모델을 해외에 그대로 이식하지 않는 것이 핵심"이라고 말했다.

외부 규제보다 무서운 내부 규제

적절한 내부 규제 장치의 설정은 금융위기 이후 금융사들의 핵심이 됐다. 특히 미국 회사들은 아직까지 안정 기조를 구축하는 데 여념이 없다. 부실 자산을 정리하고 내부 체제를 정비하면서 새로운 환경에 적응하는 준비를 하는 것이다. 금융위기 책임을 금융 시스템보다는 경영진의 관리 부실에 있다고 보고 책임을 강화하는 것도 같은 맥락이다.

이를 위해 글로벌 금융회사들은 땜질식 처방이 아닌

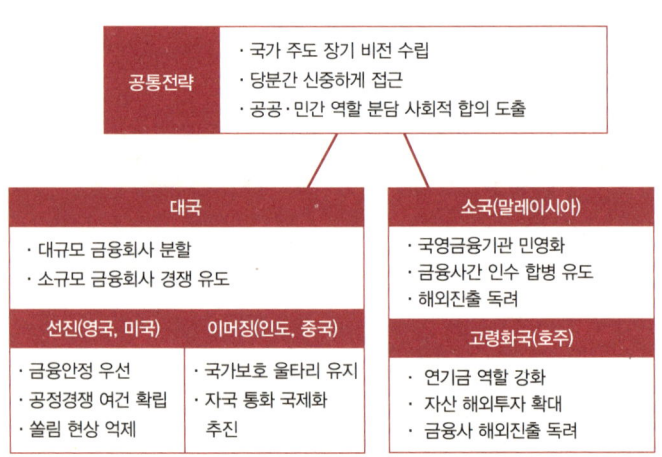

[그림 7-7] **주요국들의 금융발전 전략 흐름**

보다 건강한 구조를 갖추는 데 집중하고 있다. 상황이 호전됐다고 해서 중단하거나 꼬리를 내리는 것이 아니라 이번 기회에 확실한 체제를 구축해두고 넘어가는 것이다.

이 과정에서 금융사의 지배구조와 장기 성과에 기반한 보수 전략이 주목받고 있다. 의사 결정 권한을 합리적으로 바꿀 수 있도록 좀 더 건강한 지배구조를 만들고 실무자들이 위험한 결정을 내리지 않고 보다 장기적인 안목에서 투자를 할 수 있도록 장기 성과를 강조하는 것이다.

특화(Specialization): 규모의 경제의 진화

영국의 대표적인 은행 바클레이즈는 최근 자산운용사 '바클레이즈 글로벌 인베스터'를 블랙록에 매각했다. 이 은행은 금융위기를 겪으면서 전문 IB(투자은행)가 되겠다는 포부를 밝혔다. 이를 위해 주변 사업을 정리하고 IB 한 부분에 집중하기로 했다.

이 같은 전략은 비단 바클레이즈만의 전유물이 아니다. 최근 주요 금융기관들은 분산된 사업군을 재정비하면서 주력 분야로 역량을 모으고 있다. 이에 따라 여러

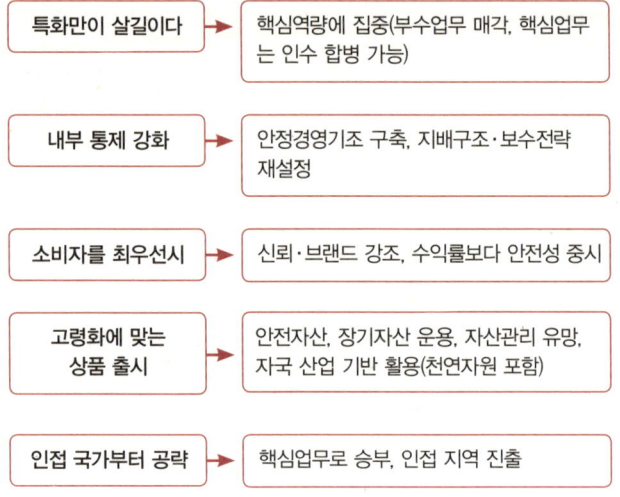

[그림 7-8] **글로벌 금융회사들의 달라진 생존전략**

사업을 동시에 수행함으로써 시너지 효과를 내는 '범위의 경제'보다 전문 분야에서 강자를 추구하는 '특화의 경제'가 대세가 될 것이란 분석이 많다.

이 같은 차원에서 '규모의 경제'의 가치는 여전히 유효하다. 하지만 그 의미는 달라졌다. 덩치가 아닌 전문성을 키우는 의미의 규모의 경제가 각광받게 된 것이다.

특화 경쟁은 앞으로 금융환경이 다양화, 권력의 분산화, 전문화, 지역 특화 시대로 변화할 것이란 점을 의미한다. 특히 대형금융그룹에 대한 중첩적 규제가 심화되고 있어 금융회사들의 전문화 욕구는 더욱 커지고 있다. 똑같이 보험 영업을 하더라도 은행계 보험사보다는 전문 보험사들이 영업을 더 잘할 것이란 전망이다.

이와 관련해서 아시아의 부상도 주목할 만한 현상이다. 이제 금융 권력은 서에서 동으로 본격적인 이동을 하고 있다. 금융산업의 무게중심은 미국과 유럽에서 아시아로 이동하고 있으며, 아시아 국가 금융회사들의 영업 범위가 더욱 넓어질 전망이다.

구호에서 현실이 된 투명성(Transparency)

위기 이전 국제 금융시장은 철저히 공급자 우위의 시장이었다. 시중에 유동성이 넘쳐흐르면서 투자자들은 누군가 상품을 내놓기만을 바랐다. 그리고 상품이 나올 때마다 즉각적인 투자가 이뤄졌다. 하지만 금융위기는 이같은 상황을 180도 변화시켰다. 상품과 공급자에 대한 신뢰가 무너지면서 '선택'이 시작됐기 때문이다.

금융시장 한 관계자는 "요즘 투자자들은 '도대체 투자할 곳이 없다'는 말을 입에 달고 산다"며 "금융회사의 수

유형	해당 금융사	실행 방안
소매금융 올인	스탠다드차타드	인도네시아 100년 투자, 마켓셰어 1%, 그래도 소매 올인
	HSBC	지역별 특화 PB서비스, 고소득층 고객 타깃
	ANZ	아시아, 오세아니아 특화한 광역전략 수립
다변화 타깃	노무라	아시아 기반 글로벌 투자은행 추구, OB맥주·산미구엘 인수 관여
	푸르덴셜	인구구조 고려한 아시아 보험사업 공격 진출
	바클레이즈	중국, 일본, 인도 특화한 주식시장 진출
권역 내 시장 방어	동남아 현지 금융사	외국계 은행과 합작 강화, 국내 자본 기준 강화 추진

[그림 7-9] **세계 금융회사 아시아 시장 확보 전략**

나 상품에 큰 변화가 없는데 이 같은 말이 나오는 것은 신뢰 부족 때문이며 이에 따른 소비자 우위의 시장 흐름은 지속될 것"이라고 말했다.

이제 금융 공급자들은 소비자 만족도를 끌어올려 수요자들의 마음을 얻기 위해 무한경쟁을 펼쳐야 한다. 이에 따라 IB들도 자기 자산을 운용해 수익을 내는 자기거래(Proprietary Trading)보다는 위탁거래 등 고객 위주의 비즈니스에 집중하고 있다.

이 같은 소비 우위의 시장에서 최고의 성공 조건은 '투명성'이다. 무너진 신뢰를 다시 얻는 방법은 철저한 공개

뿐이다. 이에 따라 위험관리 체계 운영, 자산 건전성 등 측면에서 투명성 제고는 핵심이 되고 있다. 그리고 이 같은 상황에서 주주들은 금융사에 대한 감시를 더욱 강화하고 있다.

이로 인해 금융시장의 양극화는 심화될 전망이다. 자신이 있어 확실하게 공개할 수 있는 금융사는 더욱 번성하지만 그렇지 못한 기업은 철저히 외면받는 것이다.

이 같은 차원에서 공공 금융기관이 크게 주목받고 있다. 연기금, 국부펀드 등이 대표적인 예이다. 이들은 무한신뢰, 안정된 투자 포트폴리오, 막대한 재원을 바탕으로 국제 금융시장을 주도할 전망이다.

수익기반은 고령화와 실물기반(Real Base)에서

이번 금융위기의 근간에는 전 세계적인 고령화가 자리하고 있다. 위기 원인 중 하나인 미국 집값 하락이 2006년부터 시작된 미국 내 36~54세 인구 감소와 연결되어 있는 것이 대표적인 사례이다. 집을 주로 구매하는 계층의 인구가 줄면서 집값이 급락한 것이다. 앞으로 세계 금융은 이 같은 고령화에 보다 큰 영향을 받을 것으로 보인다. 이번 금융위기를 계기로 본격적인 '에이징 파이낸스(Aging Finance)' 시대로 접어드는 것이다.

고령화가 지속되면 안전자산에 대한 선호는 더욱 증가할 전망이다. 이에 따라 저축 유인은 더욱 높아질 것이고 금융사들은 이 부분에 초점을 맞추고 있다.

특히 고령자들이 갖고 있는 막대한 금융자산은 전 세계 금융시장을 좌우할 중요한 열쇠가 될 것으로 보인다. 이에 따라 연기금이나 보험회사의 역할이 강해질 전망이며, 다른 금융사들도 고령화와 관련된 금융상품을 지속적으로 내놓을 것으로 보인다. 이 같은 관점에서 장기 자산 운용, 자산 관리 사업이 관심을 받고 있다.

이러한 환경을 금융 발전으로 연계시킨 대표적인 나라가 호주이다. 호주는 연기금이 자산을 장기 운영하는 과정에서 인프라스트럭처 펀드, 부동산 펀드 등이 발전했고 자산 운용의 지역적 다변화를 꾀하는 과정에서 해외 진출이 활발해졌다.

고령화 시대에서 최고 가치는 브랜드 신뢰에 있다. 단기 수익률보다는 장기적으로 믿을 수 있다는 브랜드가 소비자 마음을 더 끌어당기는 것이다. 이에 따라 해외 진출 전략도 브랜드가 알려진 지역을 중심으로 이뤄질 전망이다.

  실물에 기반한 금융도 주목받고 있다. 제조업과 함께 하는 금융이다. 호주는 자원부국이라는 조건을 이용해 상품 관련 선물거래에 특화하고 있다.

금융 지식 7일 만에 끝내기

펴낸날	**초판 1쇄 2011년 5월 16일**

지은이 **박유연**
펴낸이 **심만수**
펴낸곳 **(주)살림출판사**
출판등록 1989년 11월 1일 제9-210호

경기도 파주시 교하읍 문발리 파주출판도시 522-1
전화 031)955-1350   팩스 031)955-1355
기획·편집 031)955-4671
http://www.sallimbooks.com
book@sallimbooks.com

ISBN 978-89-522-1568-0 13320

※ 값은 뒤표지에 있습니다.
※ 잘못 만들어진 책은 구입하신 서점에서 바꾸어 드립니다.

책임편집 **박종훈**